JN124885

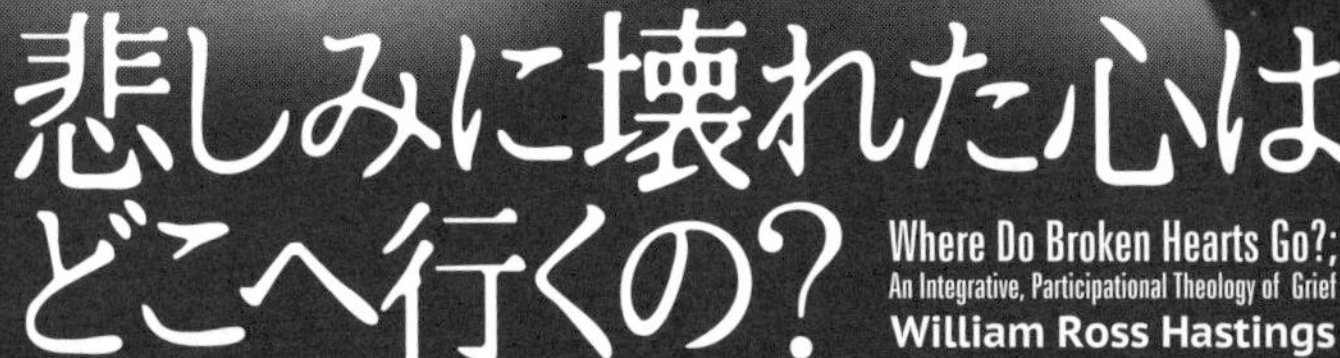

死との和解の神学

W・ロス・ヘイスティングス［著］
小山清孝［訳］

Where Do Broken hearts go? :
An Integrative, Participational Theology of Grief
by William Ross Hastings

Japanese translation by Kiyotaka Oyama
YOBEL, Inc.
Tokyo, Japan. 2023

推薦の言葉

死と死別の問題について、あふれるほど多くの書物があるのに、なぜ、それに加えようとするのか。死別の過程についての個人の思いや、神学的な著作は、いつでも手に入るというのに。

「悲しみに壊れた心はどこへ行くの？（原題：*Where Do Broken hearts go?; An Integrative, Participational Theology of Grief*)」の中で、ヘイスティングス博士は、この本を、自分自身で立ち直るためのもう一つのガイドブックとして書いたものではないと明言しているが、まさにその通りである。世の中には、自分自身の悲しみ、あるいは他者の悲しみに対する、決まった処方箋はない。著者の神学的訓練、牧会での経験、著者自身の命に対する心理学的な洞察などを通して、喪失と悲嘆について、信仰に基づいて書かれたこれまでの著書にあった、ぽっかりと空いた空隙（すきま）へと、著者は向かう。著者は、足が地についた、しっかりした説得力で、死別の本質について読者に語りかける。そうすることによって、信徒や聖職者など、キリスト教の世界に貴重な貢献をなしたと言える。

命は、痛みにあふれる複雑な喪失感を、不可避的に我々にもたらす。我々の今日における個人主義と、広く行き渡っている自力主義は、悲嘆――それは普遍的ではあるが個別的経験でもある――を説明するには不十分である。喪失の深遠な意味を理解するためには、我々人間は、関係性の中に密接に組み込まれているという中心的な真理に立ち返ることが必要である。

　この真理と最も共鳴する、本質的に確立した心理学的な答えは愛着理論である。著者はこの愛着の過程を正確にかつ注意深く、理路整然と解きほぐしていく。それでも、読者を理論の中にだけ置き去りにはしない。それは、著者自身の内なる声と響き合う感情の生きた経験からの知識に基づいている。

　心理療法は、セラピストと患者の間にある「関係的空間」で実行されるものとされてきた。このことは正しい。だが、結合と愛着が我々のすべてに起こる場としての、逃れることができない関係的空間があることも同じように正しい。それは、愛と癒し、痛みと悲しみが流れる水路である。この「空間」は、個人的な関係ばかりではなく、共同体における我々の場所でもある。著者は、喪失というレンズを通して見える、神学と心理学的理論との対話を通して、我々の関心を、人間関係の「空間」へと向かわせる。

　統合的な視点から、著者はさらに、我々が神の似姿（にすがた）に創られた意味について掘り下げていく。そして、三位一体に照らし合わせて、神から与えられた関係性に対して、体系的にかつ明確に道を開いていく。愛と交わりが三位一体の中心であるという真実が、我々自身を個人として、かつ共同体として理解する上での基礎となる。他者との関係が、孤独に対する準備のための、命に対する付加的なものでないことに気づかされる。それは、むしろ我々自身が本質的に、人として形づくられ、整えられていく上で不可欠なものである。それは我々が日ごろ吸っている空気、つまり、我々の肉体と霊の両者を支える酸素である。

この世における魂の旅路を振り返るとき、我々は、関係性が不可避であることに気づかされる。我々の肉体的な命は、関係性という流れの中で始まる。誕生と共に、関係性の中に抱かれ、関係性の流れの中で、「我々は誰か」ということを発見しながら、肉体的にも精神的にも成熟していく。肉体と心の両方において、関係性——それは健全な場合もあるが、傷つき、痛みを伴う——を身に着けていく。

キリストの弟子としての霊的旅路の中で、我々は信仰へと、そして、洗礼によって三位一体の神との生きた関係に導き入れられる。それと同時に、キリストの体の一部という不思議な関係、神の家族としての関係性のネットワークの中での交わりへと導かれる。それは霊的交わり、つまり、キリストの命に互いに参加するという不思議な感動である。

我々キリスト教徒は、死を、神の命と愛の中における、豊かな交わり、永遠の家庭への入り口と理解している。我々の肉体が終わる時、我々、そして我々が愛する人たちは、関係性の結合の断絶とそれに伴う悲しみを経験する。著者が、著者の自我意識、家族意識、帰属意識に対する著者自身における喪失がもたらした圧倒的衝撃について記述するとき、関係的愛着の現実、その深さ、価値について、説得力をもって描き出す。

『悲しみに壊れた心はどこへ行くの?』は、愛着と喪失の理論を、三位一体の神学の根本的真理との対話へと導く。それは、著者自身が経験した深い悲しみと喪失との対話でもある。このようにして、ヘイスティングス博士は、多くの知識を織り込みながら、これら三つの要素を魅力的に、かつ巧みに紡いでいく。これら3つの対話は、それぞれの和よりも大きな効果をもたらす。それは、我々自身の個人的な旅路に指針を与えるばかりではなく、他者の悲しみに寄り添うことを望むとき、助けとしての礎石となる。

ヘイスティングス博士を長年にわたって知る者として、この最も魅力的で思慮に満ちた本を推薦する特権が与えられたことに、深甚の感謝をささげる。

ジュディス・マクブライド(Judith McBride)
王立医師会フェロー
ブリティッシュ・コロンビア州、ボーエン島にて

著者からのメッセージ

この度、私の著書 *"Where Do Broken Hearts Go?"* の日本語への翻訳がなされたことをとても嬉しく思います。この困難な作業を成し遂げられた私の親愛な友人である小山清孝（おやまきよたか）氏に、深甚の感謝をささげます。本書が、喪失と悲しみのなかにある多くの方々の心に触れて、癒しをもたらすことを心よりお祈りいたします。

本書は、私が経験した深い喪失の物語から始まり、癒しについての神学的、心理学的観点を提供しようとするもので、皆様のお役に立てればと願います。日本の教会と皆様が、憐み深い父、救いと究極の癒しをもたらし、私たちの悲しみに寄り添うために人となられた御子イエス、そして、慰め主なる聖霊、これらの全てである神との出会いによって、慰めと平安を見出されることを心より望みます。

ロス・ヘイスティングス　リーゼント・カレッジにて

まえがき

主は心の砕かれた者を癒し、その傷を包んでくださる。星に数を定めて、それぞれを名前でお呼びになる。[訳注1]（詩編147編3～4節）

天文学者は、観測可能な宇宙の中には、およそ7×10の22乗（7の後にゼロが22個）の星があると推定している。神がこれらの星を名前で呼ぶという詩編作者の宣言は、ハッブル宇宙望遠鏡のはるか前に書かれたとはいえ、神の広大さと威厳に対する著者の感嘆の表現である。しかし、天文学は、この宣言の主要な点の引き立て役であった。前半部分との併記は、実に見事という他はない。なぜなら、一方では神の広大さと超越性を描きながら、他方では、近くに共にいる神を描き出しているからである。この詩編作者は、捕囚によって故郷を追われた同胞に対して、主は、一人ひとりをそれぞれの名前で知っており、その悲嘆と傷も主によって知られており、それらが癒されることを知らしめるために、この詩編を書いたように思われる。このことは、個々人としての人間に対する深い憐みに満ちた行為を通した、人格としての神の紛れもない啓示である。

人口の爆発的な増加と都市化による個々人の無名化、すなわち、我々が互いに番号としてしか他人を認識できないようなこの世界において、この人格主義者的な神の認識は、我々に真の慰めを与える。神は、我々を名前でご存知なのだ。そして、それは、すべてを知り尽くした愛情深い父として、我々が人生の旅路の中で受けた傷、ぼろぼろに破れた心を繕うことも含む。

このことは、西洋文化を蹂躙している個人主義を正当化することを意図したり、エゴイスト的自己決定を意味することではない。個人主義やそれと対極にある全体主義とは異なって、聖書における人間観は、言うまでもなく共同体の中における人間であり、より狭い意味において、三位一体的な霊的共同体における人間である。

キリスト教の教義における福音とは、この人格としての神が、我々と個人的な関係を開くお方として、ご自身を現わされたということである。神は、聖書を通して実際の歴史の中で、我々に手を差し伸ばしたが、それは神自身が我々と一つになり、我々と共に苦しみ、我々の罪のために死に、我々と我々の痛みを神自身の内側に運び込むために、その独り子をこの地上に送るという、驚くべき方法によるものであった。そしてまた、我々の歴史において、我々が今、まさに生きているこの時に、命に目覚め、キリストの救いと慰めを受け取る力を受けて再生されるようにと、聖霊を送ったのである。

我々を名前でご存知の神は、ほとんどの場合、共同体の中で、教会の中で、熟練したカウンセラーを通して、あるいは、他の人が書いた書物によって、癒しの業（わざ）を行う。

本書は、私が、これまで思いもかけなかった喪失の中で、三位一体の神から慰めを受けた体験から生まれたものである。ガンや死は、他人には起こるが、自分には起こらないと、私は無意識に思っていた。病気や死に深く浸ることは、人間そのもの、倒れ、壊れ、死に行く状態への浸漬（しんせき）（次第に浸透していくこと。）であり、その深さと慰めにおいて、私の命の感情の中心を喪失することによる孤独、悲惨への浸漬であった。しかし同時に、それらを凌駕する、神の慈しみの恵みへの新たなる浸漬でもあった。回復は常に過程であり、現在進行中のものである。あなたのために、慰めるために、そして喪失の最悪の状態からあなたを贖（あがな）いだすために、そこにおられる神の中に、あなたが慰めを見出す手助けをすることをただひたすら望んで、私の物語を本書において執筆した。神は、あなたを決して見放さない。あなたは、名前が付けられた星たちよりも、はるかに大切なのだ。

本書において、悲しみについての心理学の最良の洞察を、三位一体の神、人間と魂に関する基本的なキリスト教神学との対話へと持ち込む、統合的で参加型のアプローチを試みていきたいと思う。本書は、キリストにおいて、聖霊によって、父として、我々一人ひとりのためにいてくださる神の慰めを提供することを目的とするものである。

訳者注釈

1　本訳書において、聖書引用箇所は基本的に新共同訳によった。しかし、英語原文(ESV: English Standard Version, NIV: New International Version が使用されている) のニュアンスを正確に伝えられない場合には、口語訳、新改訳、フランシスコ会訳等も参考にして訳出した。

謝辞

本書を書くことを思い立たせてくれた、故人に対する私の愛と感謝は、いかなる言葉をもってしても、言い表すことは不可能である。スコットランドのプレストウイックで生まれた私の妻シャロン・ヘイスティングス（旧姓レイ）は、21か月にわたるガンとの闘病の末、２００8年9月23日に死亡した。我々が一緒に過ごした日々、そして彼女を失った物語について、いくらか本書に書いた。3年後に素晴らしい別の女性との愛、その結果として、パートナーを神がお与えになったという事実は、神の驚くべき、受けるに値しない者への慈しみの証しである。タミー・キャリロに対する私の愛は、いかなる言葉も不十分である。本書を執筆するにあたって、彼女には、時間ばかりではなく多くの犠牲を強いることになったが、そのことを許してくれた彼女への感謝も同様である。長年にわたる賢明で柔和なカウンセリングによって私の魂に平安をもたらし、神への賛美の能力と、人間に対する親密で牧歌的な関係を増し加えて頂いた、非凡な精神科医であるジュディス・マクブライド医師から編集上の助言を頂いたことに心からの謝意を述べたい。マクブライド医師は、聡明で洞察力に秀でたセラピストで、鬱に苦しんでいた私を、深い信仰者として長年にわたって見守り、そして、魂の動きと、魂の中にある神の動きについて、私がはっきりと認識できるようにと、霊的に導いていただいた。正教会の信仰者である精神科医ピーター・カイン医師によるカウンセリングは、良好な精神科的ケアはもとより、正教会の伝統に基づいた神との深い出会いへと繋がり、大変力づけられた。シャロンの家族――ジョンとキャロル・レイ、マーガレットとスチュアート・フォードハム――、そしてシャロンの最期まで付き添って支えて頂いた献身的な彼女の友人であるイソベル・ダビッドソン、リンダ・ギルバート、スーザン・ベイツ、ジーン・ダリー、トレイシー・ディッキー、パット・ジョンズ、ジャネット・マクタガートにも感謝をささげる。私が喪失のただ中にあるとき、共にいた真の友人たちにも、感謝をささげる。30年にわたる私の友人であり、会話の後に、いつも神へのパッションをより深いものへと変えてくれた、緩和ケア医師のイヴァン・スチュアート。彼の優しさにあふれる友情は、鬱が私を襲い、治癒がこれ以上望めなくなった折りに、5000キロの距離を飛ぶことを、彼に厭わせなかった。私がいつも前を真っすぐに見つめるよう、神の王国への私の幻にエネルギーを注いでくれた長老であり、バンクーバーにおける経営者のトップ・クラスである6児の父、レン・ホーダイク。悲しいことに、彼は、2年前にガンで亡くなった。私の友人であり、ホワイト・ロックのPeace Portal Alliance Churchでの牧会の仲間であるスコット・ディッキー、フィル・ヴァンダーヴィーン、ジョン・インボー、ジム・ポスルウェイトからも多大な力を頂いた。予想を超えて惜しみないお世話いただいた医師ローレンス・ペロードの友情は、測り知れない力であった。ロッド・ウィルソンの賢明で情けに満ちた話は重要で、また、深い霊的なキリスト中心主義的ダレル・ジョンソンの考察も同様であった。Regent College（リーゼント・カレッジ）の同僚からも、多大な思いやりと知恵を頂いた。

本書の準備にあたり、Regentにおける私の大学院生助手であるブリタニー・マッコーム、ケビン・グリンリー、メレディス・コクランには注釈や編集だけではなく、精神医学の死別に関する推奨できる資料や書き物を提供して、大いに助けていただいた。そして、リンゼイ・G・ロバートソン、さらには、読みやすく手に取りやすい原稿に編集していただいたキャシー・ギリン、また、Cascade Booksで素晴らしい編集作業を担っていただいたロビン・パリーに感謝をささげる。Regentの評議会、教授陣からは、測り知れない恩寵をいただいた。私の妻の死の直後には、同情をもって休暇を許していただいたばかりでなく、学者仲間として、個人的な哀れみを差し伸べていただいた。Regentにおける刺激的な知的環境が、測り知れない私の個人的な成長を促した。本書において、ジェームズ・フーストン（James Houston）との内容の濃い会話をいくらか記しているが、これは多くの中の一例にしかすぎない。

悲しみに壊れた心はどこへ行くの?
——死との和解の神学

目次

序章

信じがたいかもしれないが、私が喪失と悲しみについて書くことに力を注ぐことが頭に閃いたのは、部分的には、バンクーバーにおけるワン・ダイレクション[(訳注1)]のコンサートに行った時の経験からのものである。もちろんそれは、ポップカルチャーである。この手のものの質について、様々な意見があることは私も承知している。誰でもそうであるように、家族の若者たちのために、私は行ったのである。

鼓膜が破れるばかりのオープニング・ソングの後、満杯の聴衆を見ていると、甘いメロディが耳に入ってきた。それから、彼らは突然、Where Do Broken Hearts Go?（私たちの壊れた心はどこへいくの?）という歌を歌い始めた。どういう訳か、私の心は感動に震えていた。その歌が演奏されているほとんど全部のあいだ、そしてその後も、私は壊れていた。亡くなった妻——このような騒々しいイベントに行くような者では決してない、尤も後で、行きたいと思ったかもしれないが——に対する悲しみが、改めてどっと押し寄せてきた。それは、今までにない衝撃であった。

私は、二階席から、ほとんどが、子ども、ティーンエイジャー、若者で占められている群衆を見下ろしていた。そのとき私は、彼らが現在、そして将来抱えるであろう痛みを感じているように思われた。「私たちの壊れた心はどこへ行くの？」というフレーズが、こだまとなって、それはまた、厳しい現実からくる諦めの感情をも伴って、繰り返し、繰り返し、私の頭と体に甦ってきた。多くの人にとって、正確には、壊れた心はどこにも行くところがないようにみえる。私は、壊れた心が行くことができるのは、ただ一つと思ったことを覚えている。それは神の癒しを受け取るようにと、神が与えた霊的実践の場、心を繕う共同体である教会である。しかし、このことは、今、多くの人において失われている。夥しいメディアによる気晴らしと、ポップアイドルがもたらす幻想世界、大量のアルコール、あるいは容易に入手可能なドラッグは、この時代の多くの者たちを、悲しみに対して向き合うというよりは、悲しみを紛らわす方向へと向かわせる。物理的あるいは精神的な両親の不在、あるいは成果主義の中で成長してきた団塊世代が、離婚によって耐えなければならない喪失の大きさ、そして、彼らの子どもたちにおいて増幅されたこの効果が、何ら慰めをもたらさないという可能性、否、その確率についての思いが、私の心の中にじわりと浸み込んでくるようであった。かけがえのない友情の喪失によって壊れた心は、この文化において、どこへ行くのか。不在になった両親に代わって最も大切になった、祖父母、兄弟や姉妹、叔父や叔母、友人など、愛する者の喪失に直面したとき、我々は壊れた心と共にどこへ行くのか。混乱し、様々な問題を抱えた家庭の中で、我々を癒してくれた一番大切なペットを失ったとき、我々はどこへ行くのか。離婚やガンによる死で壊れた心はどこへ行くのであろうか。

普通の人間にしか過ぎない4人の若者（ワン・ダイレクション、One Direction）に、騒ぎ立てながらじゃれつく熱狂的なファンを見ながら、西洋の社会保障や富と無縁な共同体のことが、私の心に浮かんだ。絶えず続いている戦争によって、死がもたらす喪失が日常茶飯事であるシリアやイラク、治療が十分でなく、治癒可能な、あるいは不可能な病で死んでいく親や子ども、それによって平均寿命が北米よりもはるかに低いアフリカ。この人たちの壊れた心はどこへ行くのか。小さい子どもが、頬から涙を流しながら、恐怖に怯えた目であたりを見回しながら、両手を広げて走る少年の姿が心に浮かんだ。少年は、安らぎを得ることなく、無慈悲な戦争で撃たれた両親を見つけ出すこともできないのだ。これらの心はどこへ行ってしまうのであろうか。

もしも私が、このような疑問に対して何らかの答えを見出すことができないなら、所蔵している神学に関する本を放り出して、別の職業を探した方がいい。キリスト教福音の核心は、我々が行くことができる三位一体の神にある。具体的に、それは、我々を抱き入れてくださる憐みに富む御父、我々の痛み、破れた心の中に入り込んで、その悲しみを集めて御父に差し出してくださる御子、そして同時に、それは、我々の内に、そして我々の間に、慰め主として存在してくださる聖霊である。

本書において、慰めの神学をしっかりと見つめていきたい。悲しみで壊れた心はどこへ行くのか。

それは、父、子、聖霊、三位一体の神である。まず最初のいくつかの章で、喪失と悲しみにおいて、我々が知ることができること、できないことについて考察する。三位一体の神の啓示、我々がイメージしている三位一体の神の人間性について考えていく。悲しみの意味について議論を進める上で、悲しみを「悲嘆の共有」として捉える三位一体のパラダイムを使用する。悲しみについての今日的な知恵の評価を、神への指向を通して行う。そして、第7章において、三位一体の神の慰めの心を、はっきりと知るであろう。

とは言え、父のもとへどのようにして行くのかという疑問は当然起こる。悲しみの中で、慰めをいただくということは、枯れた神学のように見えるかもしれない。だが、慰め主である神はおられるばかりか、無言でもない。神は、御子である受肉したイエス・キリストにおいて、神に近づく道をお与えになった。御子イエスは、聖霊において、イエスの教会に内在しておられ、神は、慰めの特質をもって、実際に、信仰共同体の中に内在されているのだ。悲しみで壊れた心はどこへ向かうのか。それは教会である。

教会は楽しむ場所以外の何ものでもないということに慣れてきた多くの人にとって、このことは、直感に反しているように思えるかもしれない。教会は完全ではない。新しくされた被造物としての我々も完全ではないのだから、教会の命の一部になるためには謙虚さが必要になる。多くの欠点と誤りがあるにもかかわらず、教会は、人間性と救いのための神の偉大なご計画の中にある。私は牧師として、誰よりも最も近く、教会の誤りを知る者である。教会、そしてその中にいるすべての人は、今でもまだ、贖いの過程の中にあるのだ。状況はどうであれ、妻の病と逝去の間、家族と私に対して、教会から揺るぎのない深い情愛や言い尽くせない慰めと励ましをいただいた。本書の後半部で、教会の中心的な特質は、神の慰めを取り次ぐことにあり、教会はこのような観点に立って、壊れた世界における役割についてしっかりと考えるべきである。神の義と正義と裁きは無視されてはいけない。これこそがキリスト教福音の中心であり、キリスト――我々と一つになり、我々のいる場所に立つ唯一のお方――において、我々が正しい者とされ、正義へ向かう者として再生される。何をおいても、私たちは、この壊れた世界に赦しと慰めという特質を持ち込まれた神の養子とされた息子、娘なのだ。

真にキリスト教の教会には、神が、それぞれ特有の使命をもって内在しておられることから、どの教会にも、それぞれ特有の使命があると別のところで書いたが、[1]この特有の使命、つまり神の使命的性格を帯びた教会にとって大切なことは、他者に対して外向きになっていることである。教会は、悲しみと破れの中にある人に向かう共同体、つまり、壊れた神の子ども――反抗的ではあるが、傷ついている――を探しておられる神の心の内側に、他の人を招きいれる共同体でなければならない。父である神の心を映し出す教会は、壊れた人を癒す特別の任務を帯びた、さすらい人の避けどころ、慰めの共同体である。神の王国――教会はここに住んで、伝道している――の真の本質は、堕落によってもたらされたものからの解放であり、その堕落からの逆転である。このことを、イエスはルカ4章で、イザヤ書61章1―2節を引用しながら、次のように記している。

主の霊がわたしの上におられる。貧しい人に福音を告げ知らせるために、……主がわたしを遣わされたのは、捕らわれている人に解放を、目の見えない人に視力の回復を告げ、圧迫されている人を自由にし、主の恵みの年を告げるためである。

イザヤの偉大な預言における救済の冒頭、40章1節で、「慰めよ、わたしの民を慰めよと、あなたたちの神は言われる」と、福音の中心を、繰り返しによる強調を伴いながら述べている。これこそが、壊れた心、さ迷い歩いている人たちが、行くことができる場所なのだ。もちろん、人々が教会に集うとき、ただたんに、手を叩いてハッピーソングを歌うのではなく、そこには悲しみがあることをも認識していることが基本である。詩編の4割は、嘆きの詩であるという事実は、今日、礼拝を導くリーダーから忘れ去られているように思われる。新約の時代、そして教会のほとんどの時代において、詩編は、教会の祈りと賛美の書であった。アイザック・ウォッツ（Isaac Watts）やチャールズ・ウェスレー（Charles Wesley）のような18世紀の賛美歌の作者たちは、教会が詩編以外の歌を歌うよう、実際に礼拝改革をたたかった。このような礼拝改革の結果、20世紀に入ると、「霊的な歌

(spiritual songs)」と呼ばれる歌が礼拝に導入され、現在、教会は詩編、賛美歌、スピリチュアルの三つの歌がバランスよく混ざった、言わば健康食によって、養われている。しかし、大事なことは、詩編は嘆きの歌を含んでおり、すべての教会は礼拝において、これらの歌が歌われる場所を用意することが必要である。ウォルター・ブルッゲマン（Walter Brueggeman, 1933–）は、詩編における嘆きの詩が、「嘆きのあらゆる形態」を含んでおり、詩編の嘆きの詩は、エリザベス・キューブラー＝ロス（Elizabeth Kubler-Ross）が概説しているように、悲しみの様々な側面を映し出す構造を取っている。(2) 悲嘆の過程を、今日的に理解する上で、このような分析は適切である。もしも、我々が教会の日常において、神がお与えになった詩編という媒体を含めて、嘆きについての実践を深めないなら、教会は慰めの共同体ではないと言わざるを得ないであろう。このテーマ——教会とは、集められ散らされる者たち、壊れた心が行く共同体——については、二つの章（11–12章）で取り上げる。

我々は共同体の一員であるが、これ以上分けることができない独自性を持った人間でもある。我々の悲しみ、喪失、悲嘆についての経験は個人的なものであり、特異体質的なものである。神の慰めについての経験も、個人的なものである。人間は、どのようにして慰めを経験するのであろうか。悲嘆の過程を首尾よく通り抜ける霊的な訓練はあるのだろうか。人は、いかにして神に直接行けるのか。成長の旅路を通して、人は究極的にいかにして他者の避難所——壊れた心が行くことができる人間——となれるのか。最終章において、悲しみを解決するための個人的なアプローチ方法と、慰め人でありながら慰められた人としての成長について考えてみたい。

本論に入る前に、まずはっきりさせたいことは、本書は、「悲嘆を克服するための七歩」(訳注2)の提供を意図するものではないということである。我々は、悲嘆を克服しない。悲嘆が我々を打ち倒すことを欲しないとしても、そして、しばらく経って、我々が適応することを学び、もしくはそのことによって成長を得ることができたとしても、悲嘆は決して我々を離れない。それはかさぶたになるかもしれないし、ある日、傷になるかもしれない。悲嘆をもたらした喪失感は、いつもそこに――すぐそこに――、存在している。そしてその傷は、最も予想しない時に、新しい裂け目として現れやすい。

本書を、自助を目的とする本としてではなく、すべての人が、ある時点で通過する喪失の旅路の意味を、本書を通して理解できることを望みつつ、ここに書かれた物語を分かち合うことができたらと願う。悲しむ人がその悲しみをそのまま悲しみ、また、すべての悲しむ人を慰め主である神の慰めへと導き、そして、その人が心の準備ができているなら、悲しみが新しい息吹を得て、それが回復される(癒される)変化へと導かれることを願う、キリスト教信仰において本来的に備えられている希望の中へと。

注釈

1 Hastings, "*Missional God*" を参照。

2 Brueggemann, "*Formfullness of Grief*" を参照。

訳者注釈

1 ２０１０年に結成された、イギリスのボーイ・バンド。

2 恐らく、１９６３年にマイルス・デイヴィスが発表したジャズ、"Seven Steps To Heaven" を、もじったものであろう。

第1章　悲嘆の共有——物語への導入

悲嘆（悲しみ）に関する本を書くことに、何が私を駆り立てたのであろうか。このような課題について書くための重要な資格は、実際に経験した人に与えられると思うが、私の悲嘆の経験が他の人のものよりも大きかったから、このことに取り掛かった訳ではない。私よりも、もっと悲劇的な喪失は、毎日、人間の間に起こっている。おそらくは、喪失の相対的な「普通性」のなかにおいて、死の際立った性質とそれがもたらす悲しみを、最も明確に見ることができるであろう。

本書を書くのは、私に起こったことを包み隠さず開陳したいからでもない。私の恥ずかしがり屋で、秘匿的なスコットランド人気質は、むしろ私を反対方向へと押しやる類のものである。そうではなく、Ⅱコリント1章の精神（パウロが慰めと喪失のサイクルについて語っている箇所）において、多くの方々が、「慈愛に満ちた父、慰めを豊かにくださる神」から、「私がいただいた慰めによって、慰めることができるように」（3—4節）との願いのもとに、書かれたものである。

シャロンとロスの物語

私の妻シャロンが亡くなったのは、2008年9月23日であった。我々は27年間、共に過ごした。私が彼女を見たのは、まだ二人が小さい子どもの頃であった。私の家族は1965年から1966年にかけて、一時休暇のためスコットランドで過ごしていた。その時、私は、まだ9歳だったが、この金髪で巻き毛の、赤い頬の小さい女の子のことをよく覚えている。私はローデシア（現在はジンバブエ）で、彼女はプレストウイックで、それぞれ成長した。私がスコットランドで彼女と再会したのは、1979年の12月であった。私はそこで持たれていた教会会議で説教をしたのであるが、彼女と彼女の父親が最前列で参列していた。私の説教は、私がこれまで行った中で最悪のものだったと思う。私は集中できなかったのだ。

私は瞬時に撃たれた。彼女は、私がそれまで出会った中でも最も明るく、笑顔が素敵な人であった。車椅子に乗った彼女の父親を世話する様子は、私の心を打った。私が理論家であり夢想家であるのと同じくらい、彼女は現実的で、両足はしっかりと大地の上に立っている集中治療室の看護師であった。そして、キリストに対する深い信仰をもつ人であった。だがデートをしたわけではない。私は、化学の勉強をするためにカナダへ行く途上、スコットランドに立ち寄っただけであった。

私は彼女のことが気にかかってはいたが、勉学にしっかりと取り組まねばならない身であった。4か月か5か月の後、私は友人としての手紙を彼女に送った。この手紙を出す前に、一通書いていたのであるが、このような手紙を書くのは、どこか不自然だと思い、それは破り捨てていた。彼女は、私のことなど覚えてもいないだろうと思ったからである。

驚いたことに、彼女はすぐに返事をくれた。暖かく、大らかな情感に満ちたものであった。翌月、二人は手紙を交換した。私のその手紙は余りにも用心深く（cawny cratur ――スコットランドの訛りで、用心深い被造物 ―― cautious creature ――の意）、関係を少しでも前進させるような類のものではなかったと、シャロンは私に後で語ったものである。その月の終わり、私は2週間の休暇を頂いて、スコットランドへ飛んでいった。二人の関係は、確かに急速に進んだ。4日後に、私は彼女に求婚したのである。

私が4日後に求婚した背後には、彼女が特別の状況におかれていたという事情があった。彼女は、25歳までに集中治療室の主任看護師になっていた。私がグラスゴー王立診療所に彼女を訪ねた時、彼女の上司である看護師長 ―― 彼女はどこの看護師長でもそうであるように、とてもしっかりとした人であった ―― は、シャロンは彼女がそれまで見た最高の看護師である。よって、フルタイムの看護師として働くことを約束するようにと、私に命令したのである。

シャロンは、彼女自身の内に、しっかりとした考えをもっていたので、私は婦長の命令に従うことはできなかった。1983年にカナダに来て以来、彼女の人生の最期の2年前まで、彼女は看護師として働くことはなかった。マーティンとハザー、二人の子どもを、細やかな配慮で着せ、栄養を考えて食事を与えながら、しっかりと育てた。紛れもなく、私たち家族の精神的な柱であった。

倹しい環境の中で育った典型的なスコットランド人として、見栄や俗物的なものには関心がなかった。たとえ女王と会ったとしても、何らの恐れやへつらいもなく、ブラックカラントのジャムや子どもたちのことなど、地に足のついた会話をしたであろう。誤解しないで欲しい。彼女は権威を尊重し、王室を愛していることを！　私がここで言いたいことは、彼女は誰に対しても、人間として、それ以上でもなくそれ以下でもない仕方で付き合い、ある意味で、滅多に見ることができない種類の人間であるということである。教会や大学で、私が「パワーのある人」と立ち向かったとすると——それは、よくあることだが——、「どうしてそんな人のために、あなたの頭の中に場所を与えるのか分からないわ。その人がどれだけ不安定なのか考えてもみたら？　お気の毒に思って、その人のことで頭を悩ますことなどいらないわ」と、言うであろう。

シャロンは公衆の前でリーダーになることを決して欲しない人で、教会でも人前に出ることはなかった。私が牧会している間、いつも背後にあって、傷ついている人、特に片親の人に特別の関心を払っていた。私の家を、しばしばホスピタリティのために開放したが、彼女は楽しんで料理をした。彼女は素晴らしいユーモアのセンスがあり、誇り高い人の鎧を脱がせ、謙虚で貧しい人の魂をもち上げた。私が舗道の盛りあがりにつまずいたのを見て、彼女は大笑いした（思うに、私がいくらかでも抱いていた尊大に反して、ばったりと平つくばったので）。彼女は楽しむことが好きで、時おり、とんでもないことをやらかしたものである。例えば、私が説教を始めようとしたとき、前の席でクスっと笑ったり、親しい友人や家族が食事の後ドアの所で、手を振って別れの挨拶をしているときに、ふざけた身振りをするなど。多くの人に対して――特に我が家の子どもや私自身に対して――命を吹き込んだ。

シャロンがガンと診断されたのは、2006年の12月であった。その診断された瞬間を、私は決して忘れることはない。バンクーバー・ゼネラルホスピタルの専門医――彼は、たまたま私たちが住んでいた、ホワイト・ロックのピース・アーチ・ホスピタルの医師たちに対するセミナーで、講師として話をした医師であり、さらに、分かったことは、彼がスコットランド人で、シャロンが勤務していた同じ病院で働いていたということである――が、緊急病棟の小さな部屋へ、彼女を検査のために招き入れた。ガン細胞を含んでいるかどうかを確認するため、腹部から抜き取られた体液は、上の階にある検査室へと送られた。私は傍に立って、彼の処置を見ていたが、その時、鋭い痛みが私の胸を襲い、私はほとんど体を二つに折った。胸部の痛みと聞いた看護師は、私を直ちに緊急病棟にある別の部屋へと連れていった。私は心電図検査のために、ベッドにはりつけにされてしまった。

ガンと診察されるかもしれないことを察知していた、可哀そうなハザーは、父親の私が恐らくは心臓の病気に襲われて別の部屋にいる間、彼女の母親と同じ部屋に残された。私は、彼女に申し訳が立たない気持ちでいっぱいだった。その時、我々の友人であるトレイシー・ディッキーが彼女の傍にいてくれたことを、私はどれほど感謝したことであろうか。その後に、シャロンが最初に私に語った、

「あなたと結婚できて素敵だったわ。寂しくなるわ」という言葉を決して忘れることはない。私は、「しっかりして！　そんなにドラマチックにならないで！　望みはあるのだから」と言って、たしなめたいと思った。しかし、彼女は、診断がくだされる前に、何が起こるか知っていたと思う。彼女は自ら進んで、できる限りの力を振り絞って病気と闘ったが、その結果がどうなるか、そして、それはそんなに長くはないことを彼女は知っていた。彼女が召されたのは、その日から、21か月後のことであった。

不思議なことに、その日、シャロンは、彼女と一緒にお祈りをするために、友人のタミーを呼んでいた。

シャロンは病気の治療中、一時期、経過が良好な期間があった。その期間、彼女はホワイト・ロック・メディカル・クリニックで資格看護師として働いた。多くの患者はもとよりスタッフからも慕われた。２００８年の7月、我々の友人タミーの夫、カルロス・カリーヨはガン闘病の極限に達し、緩和ケア病棟に入った。彼は、我が家の歯科医で、我が家での小さい家庭集会のメンバーであるばかりでなく、シャロンとタミーは友人であったことから、シャロンはこの夫妻を長い年月にわたって知っていた。毎日、仕事を終えると、シャロンは病院まで歩いて行き、２００８年8月14にカルロスが亡くなるまで、夫妻と、おしゃべりをし、慰め、そして一緒に祈った。シャロンは、しばしば彼の手を取って、彼が若い頃、南米のコロンビアで過ごした頃のことなどを、熱心に聞き、慰めの言葉を投げかけながら、彼の心を神の王冠へと引き上げるようにと心を砕いた。

シャロンは、その40日後、２００８年9月23日午前4時5分に、同じ病棟で死んだ。親友であるイソベルとリンダ、その二人に伴われて、「輝く日を仰ぐとき」の賛美歌を聞きながら、天に召された。もっとはっきり言えば、「まもなく主イエスは来たり、我らを迎えたまわん。いかなる喜びの日ぞ、いかなる栄えの日ぞ」(訳注1)の歌詞とともに、最期の息を引き取ったのであった。私が最も後悔しているのは、その最期の瞬間を見過ごしたことである。私と子どもたちは、翌日も、彼女と過ごせるようにと、睡眠をとるために家へ戻った。私が電話を受け取ったのは、4時5分をわずかに過ぎた頃であった。私は、彼女の擦れるような声は、声の器官がもはや働いていない結果であり、それが死に臨んでの最期の喉鳴りであることに気づくべきであった。私はこのことを後で知ったが、手遅れであった。私は、ピース・アーチ・ホスピタルの緩和病棟で看護し、医療に当たっていただいたスタッフに、その素晴らしいケアに感謝の言葉を述べることしかできなかった。人間の死の瞬間を予測することは、いかなる科学によっても不可能である。この後で述べるように、それは神の摂理の中で解決される秘事(ひじ)（容易に知り得ない事。）である。映画のフットルースの台詞(せりふ)に、「死は自分自身の時計をもっている」というのがある。

私は、そこに居なかったことで自分を責めないようにと努力した。だが、私にとって、それは難しかった。シャロンが死んで6か月後、バンクーバー・ゼネラル・ホスピタルの首席緩和医師マーガレット・コトルと会った。彼女は、私が妻の死の間際に不在だったことで自分を責めて、邪悪な力に、私を打ちのめさせるようなことを許してはならないと、強く諭した。もっと重要なことは、結婚をして、私が27年間、彼女と一緒にそこにいたことだと述べた。だが、そのような時でさえも、私は完全ではなかったし、そう装うつもりもない。本当のところは、彼女が話しかけてきた時、私がうわの空でいたとしても、スコット訛りで「私のこと、聞いているの？」と、多分、私を呼ぶだろう。多くの痛みと試行錯誤を重ねながら、男にとって難しい、親密さを増す技術を身に着けていき、誠実で、楽しく、親密な結婚生活を送ることができたことは、感謝なことであった。神は、我々に素晴らしい子どもたちをお与えになった。成長のそれぞれの過程は、すべて皆、輝かしいものであった。子どもたちは、どんなことに出会っても、それに対応できるようにと、シャロンによって育てられた。彼女はあの朝、愛に包まれていた。私たちは、何度も何度も、グッドバイを言い、私も、私の愛を繰り返し、繰り返し表明した。もはや返事をする時間が過ぎ去った後も、彼女はいつものように、「私も愛しているのよ」と応答していたことであろう。ただ悔やまれるのは、彼女が緩和ケアにいた週の間、見舞いにきていただいた人たちに精神的にうまく振舞うことに一生懸命で、シャロンに、子どもたちに、そして自分の感情に、時として、十分に向き合うことを怠ったことである。

シャロンが緩和ケアを3週間受けていたにもかかわらず、彼女が死んだとき、私はショックで打ちのめされた。7年の後（本書が完成した時）、ようやくショックが溶け始めたことを感じ始めた。亡くなったその日、私が最もショックを受けたのは、他の人たちは生き続けており、あたかもそのことの方が最も重要なことであるかのように、あるいは、あたかも何事もなかったかのように、スーパーで買い物をし、道路に乗り出して車を運転していたことであった。私は夕食の準備のため、近くのスーパーに立ち寄ったが、そこにいる人たちを見ていた時、「皆、何をしているんだ。シャロンが今日、死んだのを知らないのか！」と叫びたい、とてつもない衝動に駆られた。現実は、あたかも何事もなかったかのように、日常の生活が続いていた。この情感を、ディートリッヒ・フォン・ヒルデブラント（Dietrich von Hildebrand, 1889－1977 ドイツのローマ・カトリックの哲学者、宗教作家。）は、「私の心は、容赦なく過ぎていく日常生活のリズムに対する嫌悪と空虚で満たされていた……それは、あたかも何ごとも変わっていないかのごとく、そして、私が大切にしており、愛して止まないものを、あたかも私が失っていないかのごとくに」と、巧みに表現している。(1)

私は、その後2年半、彼女の友人であるタミーとの接触はなかった。いくつかの不思議なことがあった後、デートを始め、それぞれの喪失の3年を超えた後、結婚した。配偶者を亡くした遺族同士の結婚の一つのメリットは、そのことを互いに理解できることである。互いに恐れることなく、互いの配偶者について話すことができ、泣きたい時には、不安なしに泣くことができることである。我々人間の悲しみの旅路は、ある点では同じだが、それでも相当に異なっており、このことは、それらが、共通または共有することでありながらも、特異的、個人的な悲嘆であり、二面的な現実であることを示唆している。この後に続く章で、いくつかの個人的な側面を参照しながら、悲嘆の旅路について考えていきたいと思う。

本書の構成、私自身の物語、本書を書くにあたっての動機について述べたので、本書を動機付けたニーズをあと少し分かち合い、さらには、喪失と悲嘆についての重要なポイント、あるいはモチーフについて紹介していきたい。

注釈

1 Neuhaus, "*Eternal Pity*", 2.

訳者注釈

1 この賛美歌についてネット検索をしたところ、歌手キャリー・アンダーウッド（Carrie Underwood）の感動的な動画に遭遇した。読者におかれては、ぜひ以下のＵＲＬで視聴されることを薦める。https://www.youtube.com/watch?v=Yf6C0L_7-CA

第2章　神との悲嘆の共有——人間における普遍的なもの

悲しみの普遍的経験

悲嘆に関する問題を取り上げる主要な理由は、その普遍性にある。この分野で役に立つ人間のニーズは限りなく高く、よって、すべての合理的な努力は価値がある。悲嘆は、愛する者の死や離婚による喪失、あるいは深い友情の喪失などに対する、多次元的な応答である。我々は、時として、死を通して、あるいは、誤解や解決できない衝突を通して、そして地理的な移動でさえも、喪失と出会う。愛着理論によれば、我々の幼児期からの一次愛着は、両親以外——特に、両親との結合が壊れた場合において——に移行できる。従って、一次愛着は、兄弟姉妹、祖父母、叔母や叔父、隣人、あるいはペット——これらは、機能不全に陥って混乱のただ中にあって、無条件な愛と安全を保障する避難所である——であり得る。これらの愛着は、喪失によって深刻な打撃を受ける。仕事、家庭、あるいは経済的な保障の喪失でさえも悲嘆を伴う。喪失は物理的（具体的には、配偶者、子ども、親、友人など）かもしれないし、抽象的なものかもしれないが、それらは、その人の社会的な相互作用と関係している。「死別」という用語は、時として、「悲嘆」と交換可能な意味で使用されるが、死別は実際に起こった喪失であるのに対して、悲嘆は、この喪失に対する反応である。悲嘆に係わるある専門家は、悲嘆の多次元的な性質――感情的あるいは情緒的性格を帯びた、物理的、認知的、社会的、行動的、霊的、あるいは哲学的な側面――があることを強調している。また、別の専門家は、主に情緒的な嘆きに焦点を当てるべきだと主張している。(1)

喪失を経験した人に対しては、喪失について書かれた本のメリットを説明するまでもないであろう。多くの人は――私もその一人であったが――多かれ少なかれ、このことに対して勝ち誇った気分で、死は他人に起こることとして、よそよそしい。だが、このことは、人間を不意に引き寄せるまでのことである。私は、妻を失うまで、親しい親族の死に出会ったことはなかった。それ以前まで、正直に言えば、私はそのことに対して傲慢であったように思う。最も明らかな公理は、誰でも死ぬことである。それは、我々であり、家族である。つまり悲嘆は、必然的に、我々すべてのものである。

悲嘆は、喪失に対する情緒的な応答である。喪失は、無限の形態をとってやってくる。よって、悲嘆は決して単純ではない。このことの故に、読み、かつ学ぶ。これらのことを行う上で困難に出会うが、そのことは、悲嘆がプロセスであることに起因する。それは絶えず変化しており、そしてやってくる。悲嘆は喪失のタイプに従って、様々である。仕事を失うことは、つらいことではあるが、配偶者を失うことと同じカテゴリーに属するものではない。どのように悲嘆を経験するかも様々で、文化によっても異なる。このことについて、スコット・サレンダー（Scott Sullender 心理学者、カウンセラー）は、「イギリスの紳士が描き出す悲嘆と、同じようなイランの紳士が描き出す悲嘆は、別の世界である」と、述べている。(2) それでも、人間という基本に立てば、それらには共通のものがある。

従って、我々は悲嘆を認め、それを正直に担うことが必要である。トルコには、「悲嘆を隠す者は、それからの回復もおぼつかない」という昔からの格言がある。悲嘆には力がある。それは、拒否できないし、振り払うこともできない。いつも注意を自分に向かわせ、いろいろなやり方で襲ってくる。

ホームズ（Holmes）とレイ（Rahe）は、かなり以前のことであるが、我々の肉体上の健康は、心理的なストレスと関係づけられることを示した。(3) このことは、特に、夫婦の間の死別を経験した人の間で証明されている。サレンダーは、「夫婦間の死別の最初の1年間において、死亡率や自死率が高く、医師への訪問、心理療法の使用、聖職者による死者の鎮魂が多い」ことを示した。配偶者の突然の死に対する悲嘆の反応は、最も激しく、危険な形で現れることがある。(4)

もっと急性的な所見は、子どもの死である。ジェフリー・ゴーラー（Geoffrey Gorer）は、子どもの死は、「すべての死の中でも、最も悲惨で長く続く」と述べている。(5) このことは、現代の西洋社会において、比較的に稀であることに一部、起因している。とりわけ、子どもの死は、自然や時間に反していること、つまり、時間の自然的な順序に反することに深く起因していることから、我々を苦しめることになる。親の死は、少なくとも正常なライフ・サイクル上での出来事である。AIDSや結核、その他、西洋社会では治療可能な病気で多くの子どもが死んでいるアフリカにおいては、悲嘆に暮れている人の数は、数えきれない。

しかし、死が悲嘆を起こす唯一の喪失ではない。永遠に続く大切な他者の喪失は、離婚によっても頻繁に起こる。メル・クランツラー（Mel Krantzler）は、「離婚は、実に死である。関係性の死である。親しい人が死んだときに、そのことを何とかして受け入れる期間として喪があるように、結婚の破綻は、悲しみを受容するための期間が、その後に続く」と、述べている。[6]あらゆる種類の喪失は離別を伴い、それは悲嘆をもたらす。喪失は、家、仕事、経済的な収入、友人などの喪失を含む。子どもは両親、あるいは、その一方、いずれにしても、長年一緒に暮らしてきた家族を失う。親密な友情――ある点において、性的な関係よりも高潔で情緒的に親密である――の崩壊は、深刻な嘆きとなる。これらのことから生じる社会全体の悲嘆は、驚くほど大きい。診断を怠れば、あらゆる種類の個人的、社会的な病気を引き起こす可能性がある。

サレンダーは配偶者を、死もしくは、離婚で失うことの一つの大きな違いについて、離婚は、プラスとマイナスの両者を含み、よりあいまいな出来事であると述べている。それが好ましいものではなく、ショッキングな出来事であれば、悲しみをもたらす。離婚が長年にわたる苦い衝突の結果であり、関係の修復に失敗した結果であれば、愛憎が複雑に絡み合い、それは救いも含む。しかし、たとえそのようなケースであったとしても、罪、恐れ、悲しみを伴う。多くの離婚者のカウンセリングの結果、サレンダーは、「二人が、どれほど深く相手を嫌悪していると言ったとしても、よい出来事、幸せな時、生産的な年月、つまり、後悔と悲しみを起こさせる結婚のプラスの側面があったはずである。もしも、そのようなものがなかったのであれば、彼らの結婚の年月は、無駄な年月であり、そこから再び解放されることは決してない」と、結論づけている。[7] さらに続けて、「多くの苦い経験をした離婚者が、私を説得しようとして、怒りを込めて、『あんなクズは、もう、どうでもいいの。彼も、私を煩わすことはないわ。彼とは、もう終わったの！』と、言ったのを聞いたことがある。だが、怒りと悲しみの両方を上手く処理しないことには、彼女は『終わらない』のだ。悲嘆は……愛着の機能であり、愛ではない」と、述べている。そして、「強い愛と強い怒りの両者は、共に、愛着の形相である」と書いている。[8]

多くの悲嘆は、子どもたちが経験するところである。彼らは、人生のもっと後になるまで、それを処理できないでいる。私はシャロンが２００８年に死ぬまで、死別に対して無自覚でいた。それ以前には、私の両親は、いずれも健在であったが、私は自覚していたのだ。まだ幼い６歳の時、８か月の間、私は８００キロ離れた寄宿学校へ入れられた。その時、情緒的には、両親を失ったのである。その時の悲しみは、重篤なうつ病にかかる30歳台の前半まで休眠していた。

困難を感じている結婚したカップルは、それが沈黙した苦しみであるだけに、それ以上に苦しい責め苦を受ける。子どもと一緒にいる両親を見る度に、それは起こる。だが、子どもを与えられたそのような親でも、子どもの思いもよらない死に直面した時、それよりももっと大きな苦しみを味わう。もしも、自分の子の母親が死んだなら、自分のためだけではなく、子どもたちが成長とともに、避けることができない試練を通して出会う失望のすべての痛みはもちろんのこと、その子のために悲しむ。誰も子育てを止めないことを、私は、これまでずっと見てきた。だから、サイコロがどのように転がろうとも、他者を羨(うらや)むことはない。我々は、皆、痛みを経験する。それを否定しても、無駄である。それは、キリスト者の徳目でもない。

　死と喪失を見つめる別の理由は、いつの日か、自分自身の死を死ぬ時がやってくるからである。我々は、目前に迫ってくる別離から来る喪失や悲嘆を、いつの日か経験することになるであろう。T・S・エリオット（T.S. Eliot, 1888 - 1965）は、ダンテに呼応して、「死がなしたことの多さを思った」と書いている。[9] 我々の文化においては、死は、何もしない。現代の西洋文化の究極の理想 —— 実は、偶像礼拝なのであるが —— は、自分自身の死について、あらゆる点で、考えないことである。悲しいことであるが、それは、自分自身の生を、あまりにも軽視していることを意味する。教区民がよく生きることができるようにと願って、死の備えを与えている牧師は、清教徒の牧師と比べて、それほど多くはない。リチャード・ジョン・ノイハウス（Richard John Neuhaus, 1936 - 2009）は、文化として、この問題の、このようなひどい有様について以下のように総括している。

死ぬという仕事を上手にできる人は、ほとんど例外なく、生きるという仕事を上手にできる。我々の多くは、どうしたらよい人生を送れるか気軽に議論しているが、よい死へと話題が移ると、途端に口を閉ざし、神経質になることが多い。余りにも強く、さらには宗教的にさえも、若さや健康に気を取られた文化の子どもとして、多くの人が、「よい」という言葉が、いずれにしても死と関係していることを理解できず、時には、全く反抗的であったりする。[10]

本書において、私が招待したい旅路とは、喪失と悲嘆は「贖い得る」と、信じることができるという旅路である。贖いは、喪失と悲嘆を通して可能である。だが、ここで大事なことは、我々がこれを通して変えられること、そして、その中には、神の贖いの業が必ずあるということである。果実を得るためには、鍛えられ、訓練される必要がある（ヘブライ12章11節）。私自身の人生において、悲嘆がもたらす豊かさについて語るのは、まだ尚早かもしれない。種はかろうじて落ち、そして死んだ。もしも、緑の茎になったとしても、それだけのことである。私が語ることができるのは、私がいかにして旅をしているかということだけであり、私が望むことは、慰めを読者と分かちあうことである。このことは神が約束した収穫かもしれない。

神を知ること、悲嘆を知ること

ここで、悲嘆について物語り、解説をするに至った動機は、現在進行中の、悲嘆について人々が理解できるようにするための作業と関係がある。このことは、キリスト教神学からの洞察と、心理学と精神医学分野の現代理論からの洞察の統合を含むもので、このセクションでは、これらの統合的作業について述べる。ここでは、おもに、三位一体の神学が基礎になるが、この点においても、できるだけ統合的な方法で進めていきたい。キリスト教の文献には、悲嘆について、真に統合的で、参考になる説明がいくらかないことはない。[11] だが、それらは未完成で、まだ進行中である。例えば、サレンダーは、2010年に出版されたメリサ・ケリー（Melissa Kelley）の『悲嘆』[12] について、「聖職者の世界と、悲嘆の世俗的な研究、理論、ケアの世界は、実質的に切り離されてきたというケリーの見解は、もっともである」と述べている。[13] さらに加えて、「ケリーは、現代における悲嘆に関する概況を読者に提供し、その研究結果を聖職者が実行するための意味合いについて、不足している点を正すことを目指している」と述べている。サレンダーは、「この分野における、悲嘆に関する学者の研究や仕事の明確で簡潔、読みやすい要約と、素晴らしい引用文献を提供することによって」、ケリーが当初の目的を達成していることは認めながらも、「彼女は、聖職者による実行の意味合いの探索については、余りにも簡単で、しかも指摘する程度に留めている」と述べている。[14]

この統合について、体系的な説明は多くはない。悲嘆のように不可解で痛みに満ちた問題については、分析的な課題に上がらない傾向があるが、このことは理解し難いことではない。ここでは、悲嘆とその解決について、神学と心理学がより調和して整った統合的説明へ向かうことを念頭に、人間性、悲嘆における慰め、悲嘆への適応、悲嘆を通した成長などについて、特に三位一体的な観点を強調しながら、個人的な物語りと実践的な情報による分析的なアプローチを試みることにする。

悲嘆について、神学――特に参加的観点――と、心理学に着目した文献、洞察に関する資料は少ない。この問題に関して神学を指向した処置は、心理学的な洞察を無視する傾向があり、このことは、一般啓示からの洞察の価値を見落とすことになる。すべての真理は、神の真理である。従って、心理学を軽んじることは、神の目から見ても、よいことではない。

キリスト者は、すべてを網羅する、生きた神学を形成するように――つまり、すべてのリアリティ、すべての啓示に応答するように――と呼び集められている者である。とは言っても、啓示には順番がある。まず第1番目は、告白的、歴史的、そして三位一体的な神学である。過去50年間の牧会神学は、第2番目の社会科学からえられた神学的、人間学的な洞察に焦点を当てる傾向にあったため、魂のケアと癒しにおいて、福音と三位一体の神の偉大な啓示と業が、覆い隠されてきた。[15] 本書が、壊れ、傷ついた者をご自身の内に引き寄せ、あらゆる人間の悲しみを共に担ってくださる三位一体の神の福音において、まず最初に、与えられた悲嘆の処置、その性質と役割と軽減についての考え方を提示し、さらには、人間の心や情を含む、あらゆる領域における真理を反映する方法で、この問題に取り組むきっかけを提供できればと願っている。

従って本書は、統合的かつ参加型のアプローチを用いて、悲嘆についての心理学の最良の洞察を、人間と心を第一次としているキリスト教神学との対話へと導き入れようとするものである。しかし、この関係は非対称である。神の言葉から得られる啓示は、科学に十分聞き従いつつも、科学から得られるものよりも勝る。我々が求めるものは、独立した心理学や、独立した心理学の神学ではなく、人間の心についての二次的神学、つまり、すべての真理は神の真理であり、それらは最終的には矛盾しないという信念のもとに、心理学の正直で誠実な研究の結果と、人間の心について「正しく」解釈された聖書の真理が何であるかを知ることである。聖書から真理を探索し発見するためには、キリストとの結合と、すべての真理へと導く聖霊の導きが不可欠であり、他方、人間として科学を研究するためには、真にキリストにおいて生き、キリストの世界に敏感である方法と同じ方法によらなければならないことから、このようなアプローチは参加型である。真に人間であろうとするキリスト者は、真に御言葉に聞き従い、真にこの世に対して生きる。ジャスティン・ロバーツ（Justin Roberts）は、キリスト教思想の歴史において、「キリストの思いもかけない惨めな特殊性と、創造を通して流れる、神の栄光の証明は調和のとれたダンスパートナーではなかった」と述べている。[16] すなわち、〝十字架の神学と自然を包含する神学〟は、調和を必要とし続けており、このことは、心理学においてまさに正しい。

以上述べたように、本書において、科学としての心理学を、第一次的な三位一体の教義、つまりキリスト教信仰の基本的教義との対話へと持ち込むことによって、悲嘆についての心理学の第二次的神学を提供していきたい。神は三つの相互に関連した人格、つまり、分けることができないお方であり、なおかつ、相互の交わりの中におられる方である。神は、人を神の似姿、つまり、関係の中にある似姿を負った人間に創られた。そのようなわけで、心理学文献の中で、人間の性質を関係性、あるいは「対人関係的自己 ―― interpersonal self」（対人関係的自己〔ボウルビィ Bowlby〕）、関係的存在論 ―― relational ontology（ロナルド・フェアバーン Ronald Fairbairn）として見る見解について見ていくことにする。カルヴァンの二重知識、つまり、神とは誰か、人間とは誰かについて理解することは、喪失と悲嘆がどういうものかを考える上で、決定的に重要である。本書では、特に人間を関係性としてみる ―― それは、関係的なお方である神の似姿に創られたとする聖書的見解と相通じるものである ―― 愛着理論に焦点を当てる。必要とされる慰めを、悲嘆に対する適応へと導く神に対する愛着の人生を想起させるこのような関係性の見解は、これから辿っていこうとしている旅路において、特別な洞察を提供するであろう。

関係的、審美的神学[訳注1]からの洞察は、神を求めるすべての者の魂を慰めるホーム、つまり、三位一体の神 ――「すべての慰め主としての神」、究極的な同情者である御子イエス、慰める者としての聖霊 ―― を顕わにする。我々の人間性と苦痛に参加する神に出会ったという経験、そして今も神の命に参加しているということは、本書における悲嘆を共有するというメッセージの中心的なものである。神は我々の苦難を共有し、我々も神の苦難を共有する。神との悲嘆の共有は、神の民との悲嘆の共有へと繋がり、共同体の力を、喪失のただ中へと、そして悲嘆の解決へと向かわせる。

主要なモチーフ――悲嘆の共有

このことは、喪失と悲嘆、その適応を考えるための主要なモチーフ、つまり、悲嘆の共有のモチーフへと我々を導く。このことは、以下の3つの主要な考えからなる。

1　我々が他者を愛する者とされており、愛する者の魂を共有していることから悲嘆は生じる。
2　大祭司であるキリストを通して、我々の苦難を共有し、特に喪失において、同情と、すべてを変える恵みをもって我々に関わる愛なる神によって、悲嘆は共有されている。
3　人間は他者と交わる者であり、かつ、共同体の中において、これ以上分けることができない独自性と特異性をもつ者であることを認めつつも、他の人々と共にある共同体は、悲嘆の癒しにおける一つの構成要素である。

悲嘆とは何か、我々の人生において悲嘆はいかにして処理され、そして贖い出し得るのか、これらのことについて言及する前に、私が知っていると告白していることを私が如何にして知ったか、我々は如何にして「知識を行う」のか、我々の知識の限界はどこか、死について、悲嘆について何を知ることができるのか、神学と心理学は何をもって我々の知識に貢献できるのか、人間のこれらの知識が如何に関連づけられるかについて、多少とも言及することが必要である。これらの問いに応えるために、次の章へ進んでいくことにする。

注釈

1 Scott Sullender は、この意見の相違について、Melissa Kelley の著書 "*Grief: Contemporary Theory and the Practice of Ministry*" に関する総説を引用して、「ケリーは、この本のタイトルが示すように、「悲嘆」を、すべてを含むプロセスとしている。だが、あのような網羅的、多次元的、複雑に見えるようなプロセスを記述するためには別の用語を見つけ、用語の「悲嘆」は、主に情緒的な事柄に戻すことがよいであろう」と、コメントしている。Sullender, "*Multi-dimensional Nature*", 113.

2 Sullender, "*Grief and Growth*", 25.

3 Holmes and Rahe, "*Rating Scale*", 213-18.

4 Sullender, "*Grief and Growth*", 8. このことに関して、Sullender は、Parkes, "Bereavement", chapter 2 に基づいている。

5 Sullender, "*Grief and Growth*", 8.

6 Krantzler, "*Creative Divorce*", 70.

7 Sullender, "*Grief and Growth*", 10.

8 前記。

9 Neuhaus, "*Eternal Pity*", 1.

10 Neuhaus, "*Eternal Pity*", 1.

11 いくつかのナラティブなアプローチの例としては、C. S. Lewis, "*A Grief Observed*"; Jerry Sittser, "*A Grace Disguised*"; Nicholas Wolterstorf, "*Lament for a Son*"; Richard John Neuhaus, ed., "*Eternal Pity*" がある。心理学を学んだクリスチャンにとっては、Raymond R. Mitsch and Lynn Brookside, "*Grieving the Loss of Someone You Love*" が役に立つ。苦難の治療については、Phil Zylla, "*The Roots of Sorrow*" が神学的によくまとめられてはいるが、死別の悲しみがメインではない。その他、心理学的な説明としては、例えば、Sullender, "*Grief and Growth*" のようなものがある。

12 Melissa Kelley は Pastoral Care and Counseling at Boston College School of Theology and Ministry の助教授である。彼女の本の題名は "*Grief: Contemporary Theory and the Practice of Ministry*" である。

13 Sullender, "*Grief's Multi-dimensional Nature*", 113-15.

14 Sullender, "*Grief's Multi-dimensional Nature*", 113.

15 Andrew Purves が、彼の著書 "*Reconstructing Pastoral Theology*" の序文で、牧会神学の最近の傾向について述べているので、これが参考になる。

16 Roberts, "*Behold Our God*", 5.

訳者注釈

1 審美的神学（aesthetics theology）：神についての疑問、また神学に係る問題について、知覚知識（感覚、感情、想像力）、美、及び芸術に照らして、神学と審美学を学際的に研究する学問。

第3章　悲嘆と喪失の神秘――知らないこと

心には、私は、それほどは知らない、しかしそれほど知っているという、理由がある。(訳注1)

本書では、いくつかの考えと、死と悲嘆の経験についての助言を、こうあらねばならないと主張するのではなく、リチャード・ジョン・ノイハウスの精神に沿いながら、提案していきたい。(1)「神秘は、それに相応しい沈黙によって神秘たり得る。」(2)

「私は、それほどは知らない！」が、ここでの標語の前半部分である。死と悲嘆の経験に対する多くの点は、「神秘」として記述され得る。我々は死んだことがないのに、死について何を知ることができるのか。シャロンにとって、生から死への移行のあの瞬間はどうだったのか。私は、そのことを思うと、苦しく、心が張り裂けそうになる。それは、単なる成り行き、経過だったのか。タミーによれば、夫カルロスは最期の日々、数えきれないほどの天使を見て、彼女に天使を踏まないよう注意を喚起したそうである。彼は天使によって、死への移行の準備をしていたのだろうか。プラグマティックな科学者は、それがモルヒネ投与による幻覚の作用と言うかもしれない。だが、タミーはそうではないと信じている。彼女は、鎮痛剤の投与を含む、夫の旅路のあらゆる局面に付き添ってきた。シャロンも、彼女の最期の旅路を通して、驚くべき平静を保っていた。このことは、キリストが彼女の傍らにいて、父なる神が愛に満ちた手を差し伸べていたからであろうか。そのことは、疑いの余地はないが、では、モルヒネの役割は何であったのか。如何に多くの薬が投与されたとしても、人は、死へ向かうとき、不安に慄（おのの）く。私たちに関わった看護師は、子どもと一緒にいたいという思いで、死へ向かうプロセスと戦った多くの母親を見たと語っていた。このことは、証明することは困難であるが、取り組む意味はある。

　では、悲嘆について、我々は何を知ることができるのだろうか。神学的な洞察と心理学の理論から、いくらかを得ることができる。しかし、多くの悲嘆は、神秘に覆われている。

　ただ一つ言えることは、愛する人が死んだとき、いかにそのことに対して心構えができていると思っていたとしても、いろいろな形で、また異なったインパクトで、塞ぎ込みやショックを受ける。シャロンとの別れが差し迫ったとき、私はそのことを恐れた。彼女がステージ4であることは、21か月間、知っていたし、緩和ケアも3週間受けた。車の事故などによる突然の死がショックであることは理解していた。その瞬間に対して、私は準備ができていたと思っていた。しかし、ショックであった。誰も準備などできないのだ。7年後の今でさえも、消失することはない。

しかし、無意識的な防御システムであるショックは、実際は賜物である。この落ち込んだ人に与えられた賜物によって、我々は、愛する者を失ったことを生き抜くことができる。もしもこのような防御システム（あるいは、種々の防御システムの総体）がないなら、我々は人間としてほとんど機能し続けることはできないであろう。このことは、私が経験したことである。

ショックは無感覚と、意図しない否定の感覚を伴う。我々の心は、それに気づくことはない。この時、我々の感情はそれを乗り越えるには、あまりにも強すぎる。もしも防御システムが働かないとすれば、喪失という現実を処理できないであろう。この衝撃がまともに働くと、我々は死ぬであろう。『マーク・トウェイン自伝』を書いたサミュエル・ラングホーン・クレメンス（Samuel Langhorne Clemens, 1835 - 1910 本名）は、このことを適切に書いている。

人間の性格において不思議なことの一つは、あのような全く不意の雷撃に出会ったとしても、なお生きていけるということである。それに対する合理的な説明は、一つしかない。知性がショックよって茫然となり、言葉の意味を手探りで集める。ありがたいことに、その完全な意味を認識する力がない。心は、巨大な喪失に対して鈍感であり、それがすべてである。心と記憶が、細々なものを集めて、喪失の全体像を学び知るためには、何か月、いや数年の年月を要するかもしれない。

死は、何故あれほどショックなのであろうか。たんに自然主義的に考えれば、人の生命のサイクルの中の必要な一部として、当然のこととして誰でも慣れるべきものではないのか？　この章で、この疑問に対する答えについて考えていくことにする。死がショックであるのに対して、悲嘆はショックからの解凍プロセスということができると思う。だが、このことだけが悲嘆において働いている力ではない。死がなぜショックをもたらすのか、神学的にかつ心理学的に納得できる説明が必要である。このことのいくつかのについて、本章及び他の章において、さらに詳しく――特に、我々が他者との関係にある人間であることについて――考えていくが、本章では、死と悲嘆の知られざる力を表現する方法としてのショックに焦点を当てることとする。

ショックの神秘――人間の特殊性

死は多くの点で不思議な現象である。我々は、死の存在について、どういう訳か慣れている。毎日、世界中で15万人の人が死んでいる。1時間当たりに換算すると6000人ということになるが、我々がそれによって何らかの影響を受けることはほとんどない。しかし、それが、自分が知っている人の場合、我々の心を突き刺す。ジョセフ・スターリン（Joseph Stalin, 1835 - 1910）は、大量の人間を殺す者たちが議論するとき、皮肉を込めて、「一人の死は悲劇であるが、百万人の死は統計である」と書いている。[3]

リチャード・ジョン・ノイハウスは、「死は日常的なことの中でも、最も日常的であり」、このことは、たんに数千人の人が毎日死んでいるということだけではなく、「死は、存在の基本をなすもので、普通で、日常的で、当たり前の出来事である」と語っている。しかし、続けて、「知恵のある者が生きていくために学んできた日常的な存在の一般性が、一般性に突然気づいたからではなく、一つの死の唯一性によって、つまり、命と切り離すことができない愛で愛してきた者の死によって、壊れることである。それは、我々が死について知っていると思っていたすべてを打ち壊す唯一無二の死であり、死の問題を、死のカタストロフィへと転換させる唯一無二の死である」と語る。[4]

悲嘆についての特殊性、つまり人格の特殊性と関係性の不思議さに関連した、「このもの性[訳注2](thisness)」という概念がある。ノイハウスは「以前ここに居なかった、そしてここに再び来ることがない、ある人の死の唯一性に出会ったとき、正確には、以前には決して起こらなかった、このカタストロフィである、測りがたい喪失の感情の中で、我々は泣き叫ぶかもしれない」と語る。[5] ノイハウスは、同じことを強調しているアルトゥール・ショーペンハウアー(Arthur Schopenhauer, 1788 - 1860)を引用して、「すべての個別の親しい魂の死に際して感じられる深い痛みは、言葉で言い表すことができないそれぞれ特異的な何か、つまり、それぞれ独自であり、それ故、絶対的で取り戻し不可能な喪失である」と語っている。

愛する者を失ったすべての人は、深い何かあるものを共有している。妻がガンに罹っていることを私が知った時、関係する多くの人々の深い暗黙の感情が、ガン患者、それを看護する者、そして配偶者、子ども、両親の死を経験した者を結び合わせる。故人に関する、この否定し難い特殊性の結びつき、他者と共有している共有性が、悲嘆の只中にある人たちの仲間に入る門戸を開いてくれる。そして、それは、我々の悲嘆がいかに特殊であるかの認証でもある。兄弟ラザロの死に対するマリアとマルタの反応について記している、ヨハネ11章における短い記述の中でさえも、この特殊性について、ヨハネの深い洞察を見ることができる。活発で忙しく立ち回っているマルタは、彼女の怒りを直接イエスに訴えた。思慮深い妹のマリアは、家に籠って、イエスが呼ぶまで彼を迎えには出なかった。「マルタは、イエスが来られたと聞いて、迎えに行ったが、マリアは家の中に座っていた。」

従って、愛する者を失った時、「あなたのお気持ちは分かります」という我々が使う常套句は、部分的に正しいに過ぎず、容易に誤解される。ここで意図されていることは、愛する人を失ったことの特殊性をその人から奪い取る、あるいは、その人の悲嘆の特殊性を減じようとするものではない。だが、それにもかかわらず、しばしば、そのように聞こえる。実際には、たとえ深い喪失を経験していたとしても、「あなたがどのようなお気持ちで現在お過ごしなのか、私には分かりません」という間違いの方が、より適切である。

聖書の神の不思議さは、神はすべての者を個人的に愛し、それぞれの旅路を見守り、それぞれのアイデンティティを何ら損なうことなく、神の「大きな物語」の中へと我々を導き入れるということである。死において、我々は、神あるいはその創造や宇宙の中へ、あるいは無の中へ吸収されるのではない。我々自身の個性を保っていることを知ることは、真正の服喪と成長へ移行するための鍵である。我々の経験が完全に特異的なものではなく、ある意味において、他者のパターンと同じであることを知ることが当然であるのと同じように、実に特異的な側面があることを知ることは重要である。

我々の悲嘆の経験は特異体質的である。我々は、我々の悲嘆を、我々のやり方で感じることが必要である。そして、我々の旅路の中で、「主は私の羊飼い」（詩編23編1節）と断じることが出来る（他の数百万の人と同じように）ことを知る必要がある。診断から、事故から、あるいは心臓発作のその時から、気を抜くことができない看護の時間を通り抜け、別離の時を迎え、さらには悲嘆の旅路まで、主は我々と共に歩いてくださる。死に直面した者の詩編である詩編16編1節に、「神よ、守ってください。あなたを避けどころとする私を」とあるように、個人的な私と、主であるあなたとの関係に我々は入ることができる。

ショックの神秘——人間の対人関係的な性質

ただ一度の嘆きだけで解決できない悲嘆とは、なぜこんなにも深く、不思議に満ちたものなのか。配偶者の死との遭遇に際して、回復するまで、通常、少なくとも1年もかかり、またその傷は、実際には永遠に残るのはなぜか。亡くした人の特殊性が、このことの部分的な説明を助けるのであれば、人間のもつ相互浸透的な性質が、説明をさらに可能とする。人間は、唯一無二、ユニークな存在であるが、同時に、深く相互に関連しており、他者との関係に組み込まれている。我々は対人関係的な自己である。この神学的な基礎は、第5章と6章で説明するが、多かれ少なかれ、我々の人生において、他者は我々の一部である。両親は、子どもをもうけることにおいて、その子と実質的な一部となる。このことは、子宮の中で、そして誕生の瞬間から、遺伝的に、そして情緒の点においても正しい。親を亡くす時、我々自身の何かをなくす。

子どもは、親の一部でもある。サッカーをしている、私の9歳の息子を見ていた時のことであった。別の父親の近くに立っていたのであるが、その父親の息子が、ゴールを目がけてボールを蹴ったとき、父親も一緒になって、私のすねを蹴った！　父親あるいは母親が、子どもたちを代理として、自分たちの運動選手としてのキャリアを生きる時、同一性は、時として不健康な形となって現れる。そのような相互依存性の中で、個々の特殊性は無視され、個人の独自性は薄められる。しかしながら、親子が健康的な相互依存の関係にある時でも、その連帯感は深すぎて測ることができない。これは神秘である。子どもが死ぬと、親は自分自身の一部を失う。

結婚も同じである。結婚がいかに幸せで、あるいは不幸であったとしても、二人の人間は、相手を知ることにおいて、情緒的に、性的に、出来得る限りあらゆる方法で一つになる。互いは、三位一体の神の秘跡あるいは徴である。三位一体においては、三つの位格は、互いに内在しており、完全に相互浸透的であり、また完全に互いを励ましあっており、互いを分けることができない交わりと本質において、一つとなっている。お互いの反響が不完全、未完成であったとしても、強く織り合わさった人間性、考えの共有、情緒的な相互依存、性的な交わりは、神におけるあの相互浸透を想起させる。

私は、自分自身の一部を完全に失ったが、これは、私が不健康な相互依存症だったからではない。パートナーの死があれほどまでにショッキングな理由の一部は、この相互浸透性が壊れることにある。結婚は二つが一つになるということである。性的な一体化は、実際、我々の一体化を象徴する相互浸透の具体的な行為以外の何ものでもない。死は、そのことの破壊である。だからこそ、きつい。二人の魂は結合しており、死によってそれが引き裂かれる。それは痛みと混乱、そして狼狽を起こさせる。

ショックの神秘――死は自然ではない(訳注3)

死がショックであり、悲嘆がショックの解凍プロセスであるという別の理由は、神の似姿に創られた人間にとって、死は当然ではないということである。神が我々を死ぬように創られていないことから、死を受け入れることは難しい。神が、我々を神の似姿に創られた時、新しく存在した人間の一つの特徴は、永遠に続く命であった。

神の似姿については、キリスト教神学の歴史の中で、神及び隣人との関係、構造的なもの(理性と自省の能力)、及び機能的なもの(繁殖と労働を通して、この世で神の業を継続する能力)として様々に記述されている。しかし、これら三つの内で、最も大事なことは、霊的な命をもつことであった。この賦与は、もしも罪を犯すなら、取りあげられることを意味するものであった。

創世記の物語の中で、神はアダムとエバに、「善悪の知識の木からは、決して食べてはならない。食べると必ず死んでしまう」と語られた(創世記2章17節)。もしも二人が罪を犯さなかったなら、二人は死ぬことがないと考えることは当然と言える。最初の夫婦が罪を犯した時、死が二人の間に、そしてその子孫に入り込んだ。このことは、二人はもはや永遠に生きなかった事実だけではなく、二人の命を維持し、近くに居る神から追放されることをも意味している。

人間の死は、動物の死と比べても、ユニークでやっかいなものである。ヘブライ人への手紙の著者は、悪魔を「死をつかさどる者」と書いており(2章14節)、それは、キリストの死による力で打ち砕かれるまで続く。パウロは、コリント信徒への手紙一の15章において、キリストが戻って来た時に、死は最終的に滅ぼされるが、その中で、死を「敵」として記している。人間の死は、自然現象ではなく悪魔的な力の妖怪であり、創造と人間の崩落を呼び起こすもの、人間と神との間の始原的分離のシンボルである。後で、キリストが死の力を打ち砕き、キリスト者にとって、死を、現在の命よりもはるかに素晴らしいキリストの所へ行く道にしたことを見ることになる(フィリピ1章23節)。しかし、この最終的な希望があるにもかかわらず、現在においては、まだ死は、滅ぼされなければならない敵であり、悲嘆をもたらす。

死は傷つける。パウロは、この現実をテサロニケの信徒への手紙一の4章13節で、「希望を持たないほかの人々のように嘆き悲しまないで欲しい」と書き送っている。これが暗示することは、それにもかかわらず、我々は、悲嘆に暮れるということである。これは、たんに復活の時まで、あるいは天の国へ行くまで、愛する人と別れているということの故ではない。たとえ再び会えるとしても、この悲嘆は、痛みに満ち溢れている。人間が神の似姿に創られているという事実に照らし合わせると、人間は永遠の命を、今も思い描くことができる。それ故に、死はショックである。神は、結局のところ、命である！

ショックの神秘――その時はコントロールできない

死と悲嘆によるショックを引き起こすさらなる要因は、死の正確な瞬間が謎であることにある。必ずやってくることは知っていながらも、それは、いつも突然である。シャロンの緩和ケアの期間、最高の医学知識に基づいて、彼女の死が迫っており、それは数時間先かもしれないことを二度、三度と告げられていた。バンクーバー・ゼネラル・ホスピタル、バンクーバーがん協会、ピース・アーチ緩和病棟の医師と看護師の素晴らしいケアに感謝の言葉もない。彼らは、シャロンの死の時を予測したが、いつも間違っていた。彼女が実際に死んだ夜、それは予期されていなかった。我々のためにベストを尽くして予測してくれた医師や看護師を非難するつもりは毛頭ない。それは全く、科学の領域ではない。では、なぜか。死の瞬間を決定する権限は神の手中にある。神は、すべての人間、特に約束した人の死を見つめ、ケアをしているのだ。

「主の慈しみに生きる人の死は、主の目に価高い」(詩編116編15節)という言葉は、ご自身の民の死を見つめている神を示す。事実、使徒言行録17章25節でパウロは、「すべての人に命と息と、その他すべてのものを与えてくださるのは、この神だからです」と、キリスト者であるなしにかかわらず、このことは真実であると語っている。多くの詩編は、人間は「息にしか過ぎない」と比喩的に語っており、詩編104編29節は、「御顔を隠されれば彼らは恐れ、息吹を取り上げられれば彼らは息絶え、元の塵に返る」とあるように、神はご自身の時間に従って、息を取り去られると記している。

実際に経験した人であれば理解できると思うが、家族として、シャロンの苦痛は、もはや取り去られるべき時がきているという、心の準備はできていた。彼女の苦痛は、それほどに大きかった。我々は、彼女の苦痛が終わって欲しいと思った。それでも、彼女は永遠を思わせるほどに生き続けた。私は、彼女のベッドの脇に一人で座っていた時、「酷(ひど)いです、なぜですか。神様どうか、シャロンを行かせてください。癒してもくださらず、連れてもいかれない、これはどういうことですか?」と、一度だけ神に対して怒りの叫びを上げたことがあった。その時、「彼女はどれほど長く、お前を世話してきたか。お前は、たったこれほどの間でさえも世話をすることができないのか。このように意識がなく、「応答もできないような時でさえも、彼女の世話ができることは、お前に与えられた特権なのだ」と、私の心にはっきりと語りかける神の声を聞いた。

おそらくはこのことが、長い年月にわたる認知症や、目的もなく生きているように見える人たちが生きることを許され、自分自身または他人の意志で最期を選ぶことが許されていないことの理解を助け、そして、この神秘を解きほぐすヒントを多少とも与えているように思われる。すべての人間は、神の似姿に創られたがゆえに、威厳をもっており、よって、彼らの世話をすることは、神の代理人としての特権である。信仰に生き、少しずつ理解が深まっていくとしても、まだ神秘は残っている。

ショックの神秘 —— 涙の予測

悲嘆についてのさらなる不思議さは、ショックから立ち直る過程での感情の起伏である。それは、しばしば、そして強く現れる。悲嘆の旅路において、普段よりも感情的に不安定になる。しばしば、思いもかけず、とんでもない場面で泣き出して、たとえ自分自身はそうでなくても、周囲を困惑させる。C・S・ルイス（C. S. Lewis, 1898 - 1963）が妻を失って書いた『悲しみを見つめて』(Shadowlands として映画化）によって、私は大変助けられた。彼は、すべての悲嘆に暮れている者は、時を選ばずいきなり壊れて周囲を気まずくさせ、本人自身も惨めになるので、一年間は家に閉じこもっているべきだと書いている。シャロンが去った5年後でも、私のクラスあるいは説教で、そこに居合わせた人が、私してくれた。

の暴発から「安全」であったかどうか、全く自信がない。ともかく、彼らは、私が涙を流すことを許してくれた。

もちろん、人は涙によって慰められることを知るべきである。神が革袋に蓄えてくださるほどに、涙は尊い（詩編56編8節）。イエスは、一度ならず泣いたが、そのことにおいて、人間のもつ一般性と特殊性の両方をはっきりとみることができる。ある文化においては、実に、涙は、他のどれよりも慰めに満ちている。最も大事なことは、「涙がでてきたら、流れるに任せる」ことである。涙は癒しをもたらす。この感情を押し殺すことはよいことではない。悪いのは、押し殺すことが長く続くことである。それは、いろいろな形で現れる。だが、その時については、神秘である。

シャロンが緩和ケアを受けているあいだ、私は涙を流して泣いた。それは、私の子どもたちが、母の苦痛を見ているとき、そして、母と抱き合っているのを見た時であった。多く涙を流したのは、他に代えることができない情緒的な柱であり楽しいことが好きな母を、子どもたちがなくすことを思った時であった。私の感情は、子どもたちが感じるに違いないと私が想像することから来る。この感情は、おそらく私が6歳の時に寄宿学校に行く時に感じた、私の両親を事実上「失った」という、私自身の深い喪失感に根ざすものであろう。

シャロンが衰えていくのを見ていたあの間、私は、自分自身の感情の中にはいなかった。大事なことは、子どもたちのために、もっとしっかりすること、そして見舞いに来ていただいた方々に失礼にならないようにすることであった。大きな共同体の牧師、また11年間その地域共同体の住人であったということは、多くの人が見舞に来たいということを意味し、またそのことは恵みである。しかし、時としてその場から背を向けて去っていく見舞客から感じる緊張に対して、また、このようなことなどに関して、異なった思いから生じる、ある程度拡大された家族の感情の動きに対しても、私は、極度に敏感であった。

シャロンの死の二日前のことであった。その時が近いことを思って、一人で帰宅する途中、私は大声で泣いた。それは、彼女が実際に居なくなるという、現実とは思えない現実を、もがきながらも理解しようとする、息が詰るような嘆きであった。そして、ショックが私に入り込んだ。彼女が死んだ時、彼女の傍に立っている私に、ついに嗚咽の時がきた。その夜、親友が食べ物を運んでくれた。私は、崩れ落ちて、むせび泣いた。私が寡夫であることに初めて気づいて眠った最初の夜の寂寥感（せきりょうかん）は、今も記憶として生き続けている。そして、葬儀の設定の慌ただしさの中に、感情は何とか持ちこたえた。急性、つまり急激な悲しみに襲われていた数日間、ショックは奥まっていたが、やがて速やかなショックの解凍が始まった。ここで覆いが除かれた神秘の一つは、我々は、それを終えることができないということである。徐々に激しさは失せていくかもしれないが、それを決して乗り越えることはできない。それは生涯、刻まれている。唯一の疑問は、それが、あなたに対して、どのように刻まれるかということである。

ショックの神秘――賜物から責任へ

ショックによる防御システムは、疑いもなく、人間に対する恵みの賜物である。ミッチ（Mitsh）とブルックサイド（Brookside）はショックを「神の麻酔」と呼んでいる。[6] 愛する者の死が何を意味するのか、その現実を完全に解き明かすことはできないであろう。我々の全感覚は、最初は閉じられるが、喪失の現実に向き合うことができるにつれて、徐々に、散発的に開いていく。しかし、最初の段階で賜物として経験したショックは、しばらく経つと、喪失と感情の現実に対峙することを迫られる。この慣性は、悲嘆のプロセスを複雑にし、喪失がもたらすすべての感情の深みや広がり（情動）に対する感覚を遅らせる。悲嘆に関わるカウンセラーが、彼らの作業は、悲嘆の周辺での作業ではなく、悲嘆を乗り越えることだと語る時、それは、ある種の奮闘を暗示している。多くの者は感情の深みや広がり（情動）を避ける傾向がある。自分の感情の深みや広がり（情動）をその人と合わせ、それらの解決を探すことが、カウンセラーの仕事になる。麻痺状態の無気力は、ある時点において、活力、つまり悲嘆の解決の作業の段階へ移行することが必要となる。このことは後の章で、より詳しく見ていくので、ここでは、悲嘆を乗り越える作業は、価値があるということだけに留める。

本書を支える最も重要な確信の一つは、喪失と悲嘆は、神の領域において贖い得るという深い神秘性である。贖いはこれらの喪失を通して可能であるが、それを乗り越えていくというあの変容は必ず起こるものではない。ヘブライ人への手紙の著者が記しているように、それによって「鍛えられ」、あるいは訓練されることが必要である。この手紙の12章で、著者は、我々の命において神の愛による鍛錬を通して、神の神聖に実際に与ることができると述べた後（10節）、神との参加的関係性において、神が与える神聖によって、我々が行動することの必要性を再び強調する。「およそ鍛錬というものは、当座は喜ばしいものではなく、悲しいものと思われるのですが、後になるとそれで鍛え上げられた人々に、義という平和に満ちた実を結ばせるのです」と述べている（11節）。ここにおいて、活発な作業が必要なことは、明白である。

このことを遺族へ話すタイミングは、喪失の直後でも、悲嘆の急性症ショックが支配している時期でもない。そのような期間には、私たちは、ただひたすら支え、聞くことが適切である。しかし、悲劇的な喪失を通して、神が何を望んでおられるかについて心を開き、神学的な現実の慰めとの折り合いを開始できるように、配慮をもって彼らを助ける時、その悲嘆を解く作業において、私たちが励ますことができる時がやって来るであろう。神はよこしまな作家ではない。神はそれをお許しになり、起こったものには悪魔がいなかったというような、どこか超越する方法で贖われる。この後のそれぞれの章において、悲嘆の恵み深い、贖いの側面について述べることにする。

ヘブライ人への手紙の著者は、苦難の出来事を経験する過程で二つの段階、つまりそれが起こった段階とその後の段階を語っている。繰り返して言うと、後の段階での人格の成長は、それによって訓練されたことが条件である。その豊かさは、魂の一定の訓練に依存する。このことは、神への態度、教えの受け入れやすさ、柔軟な心を含む。このことはまた、神が働くスペースを私たちが提供する訓練も含む。私たちが救いを求めて取り組む時、神も私たちの内において働かれる。神の働きと私たちの働きは、対立ではなく、両立して働く。神の働きが強調されていることから、これらの働きは非対称である。だが、悲嘆に対する私たちの働きは、私たちの成長において必須の要件である。「人生において、よい方を選ぶか、悪い方を選ぶかは、あなた次第」とは、よく使われている格言であるが、それは、ここにおいて、まさに正鵠を射た格言である。

感情を克服できない方向へ慣性が向かうとき、悲嘆は複雑性を帯びる。このことは、わけもない怒り、あるいは制御不能な怒り、心配、あるいは鬱による遠くなった関係、または壊れた関係が明白に現れることを含む。私は、30代前半を過ぎた頃、鬱に罹ったことから、シャロンを亡くすことによって、重篤な鬱に落ち込むのではないかと心配した。ところが逆に、この長い年月にわたる鬱に対するカウンセリングのお陰で、悲嘆に関わる感情の深みや広がり(情動)を如何にやり過ごし、処理するかについて、ある程度準備ができていた。

健康な方法で、悲しさを感じ、怒りを経験することは、文化的、属性的(スコットランド的内気)、状況的などの様々な理由で、ひどく壊れた状態の中で成長した私の人生における二つの情緒的な領域であった。私は、両親から800キロ離れたミッションスクールの寄宿舎へ送られた時、この喪失を処理できなかった。このことは、子どもの時の喪失と、大人になってからの鬱の間に、関連性があることを、ある程度示す証拠である。[7]

事実上孤児となった子どもにとって、喪失そのものは重大であった。しかし、あの時代と状況の中で、情緒に対する認識、開放性、あるいは支援はほとんどなかった。加えて、この状況は情緒的抑圧の特性をもっていた。善意に満ちた人は、このような種類の犠牲は、主の業にささげる人生の一部であると信じていた。

両親が私にしたことを恨んでいるのではない。両親が誠実で、尊い伝道活動をしたと、私は信じている。だが、前世紀の両親や他の人たちの伝道活動は、結婚と家庭に重きを置いている創世記の創造秩序の重大さを軽んじていたと思う。創造と神の似姿の教えによる伝道において、そして、子どもの成長に関する心理学的な認識において、欠陥があった。宣教師たちは、大宣教命令を、文化的な範疇の文脈で見ていなかったように思われる。神による召命に家族以上に従うというイエスの教えは、確かに家族を相対化し、[8] 家族の偶像化から離れるようにと我々を呼び出す。しかし、子どもたちの価値に矛盾するものとして解釈してはならない。彼らは栄養が与えられ、可愛がられることが大切である。福音の呼びかけは人間性を回復させるものであって、それを否定するものではない。子どもを寄宿学校に送ることは、人間性に栄養を与えるものではない。

この経験が与えた私の情緒の発達に与えた影響、このような状況における他の人たちの影響は甚大であった。私は、30歳の前半まで、怒りと苦痛の残渣を心の内にもっていた。私は多くのことに急きたてられ、妻や子どもたちと親密な関係をもつことができなかった。私の情緒的な無関心と仕事中毒に、とうとう彼女は憤慨して、もはや私に対する愛を現わすことができなくなった。彼女が私から身を引いたことは、寄宿学校時代に私を連れ戻し、私の途方もない喪失感に火をつけた。このことは、私を深い、いくぶん精神障がい的な自殺性鬱病へと落とし込んだ。

精神力動療法（症状や悩みの背景にあるもののまだ十分に意識されていない、無意識的な葛藤や自分の傾向を知ることでそれらの改善を目指す精神療法。）の訓練から得た洞察力と、霊的な眼識を備えた、優れた心理療法士による数年にわたる徹底的な治療の結果、私は数えきれない贈り物を頂いた。大人になって初めて心の底から泣き、また、職業の迷いを伴った、学者としての成功と名声への異常な指向に火をつけたあの苦痛と怒りの重荷が、取り除かれたばかりではなく、孤高からの解き放ちと、私が関係性により関わることを可能にした。私の心、愛情、感情のプラスとマイナスの両面において私が私であること、そして、神から与えられた私の存在の意味について発見する力を得た。怒りに慣れることへ私を導く挑戦を多く試みた。仕事中毒と、頑固にこびりついた競争意識へ導いた怒りを避けスポーツへと向かわせる様々な技術を蓄積した。そのような感情が具現化していくこと、つまり、そのことを体で感じ、その中へと押し入ることを学び、そしてそれらに耳を傾けて処理する——それも、必ずしも頑張ることなく——ことができることを発見した。これらは私が頂いた贈り物であった。

その過程の中で、私はしばしば泣いた。いくらかの巨人を倒した。[訳注4] 心理学者によって、人間へと迎え入れられた。つまり、この地上において、他の壊れたすべての人との連帯の中へと運び込まれたのである。私は、「スーパーマン」の「S」が描かれたシャツを着ていることに気がついた。そのスーパーマンとは、自分自身の破れを感じることがなく、またそこに入っていかずに、自分自身ばかりか、多くの他の人たちの感情からとらわれることのない方法を見出した者である。しばらくした後、私はシャロンに対して、情緒的にもっと寄り添えるようになった。彼女は、優しく応えてくれた。その期間の後、年長者や我々の結婚に関する調査委員会から問われたなら、いつも「10点満点」と答えるであろう。私が相談を受けた教区の方々の危機に対しても、もっと穏やかに対応できるようになった。私自身の不安定さに遭遇したことから、私が奉仕していた教会で、人々の苦痛と不安定の中に入っていけるようになった。私は礼拝を変えたが、その方法において、また、人の心に寄り添う説教の中で、神を経験することができるようになった。神との関係もより密接になり、たんに知識からではなく、私の全存在をもって、礼拝をささげることができるようになった。これは、まさに贈り物である。

鬱症の急性状態からの回復の過程で見出した、悲嘆を共有してくださるという神の性格は、私にとって、まさに掛け替えのない、真正なものであった。このことを示すには、一つの出来事で充分であろう。不衛生なレストランに行った後で、シャロンがA型肝炎に罹患した。彼女が寝たきりの間、二人の幼い子どもの世話をしながら牧師として働き続けた私の生活は、控えめに言っても、かなりひどいものであった。牧師の典型的な、あるブルー・マンデーの日、いつもの長い聖書の読書時間を取ることができなかった私は、子どもたちを学校へ送り出し、家事と食事の準備をし、パンくずで汚れた床を掃除し、その他、あれやこれや、イライラが募ってきた。夜遅く、子どもたちを寝かせた後も、食品を買い出しに行かねばならなかった。近所のスーパーへ、車を運転して出かけた。信号機の反応が遅いことに、怒りを募らせた。スーパーで欲しい物を見つけた後、レジ係の鈍さに、心の中でぶつぶつ文句を言い、車に押し込むと家へ向かった。助手席に目をやると、そこに牧師の会議で礼拝を司式した、リチャード・アレン・ファーマー（Richard Allen Farmer）によるカセットがあった。私は咄嗟に思った、「これが今日の最後にやることだ……。クリスマス音楽を聴こう！」誰かに、何かに、急かされて、私はテープをカセットに入れた。若い頃から知っていた賛美歌だった。私は、少しだけ身を正した。

永久の愛もて恵み導き、あまつみ霊の教えたまいし
またき安けき、尊きみわざ
尽きせぬ愛よ、我は主のもの
尽きせぬ愛よ　主は我がもの

私はある意味で、近くにおられる父の愛、優しい抱擁を、それまでよりも、より真実なものとして感じはじめた。私は泣き始めた。その夜、私と悲嘆を共有してくださる、神の人格に触れた。三節と四節は、昔、私が寄宿学校にいたころ、すべての年月にわたって神が共にいてくださったことを思い出させた。神はすべての日々、私を見守り、その御腕の中に休ませ、その御腕の中で、私をかたち造った。神は絶対に私から離れることはないであろう。

天地青く緑にはえて、命に満ちて輝きあふれ
鳥はさえずり、花はかぐわし
我は知るなり、我は主のもの
我は知るなり、我は主のもの

世の煩いに心動かじ。み胸に憩い御手に守られ
憩わんとこしえ、恐れは去りて
み声静かに　我は主のもの
み声静かに　主は我がもの

我は主のもの、いかでか離れん。恵み豊かに愛したまえり
天地ついに　崩れ去るとも
主は共にあらん　我は主のもの
主は共にあらん　主は我がもの(9)

これらの言葉から受けた感動を、言葉で伝えることは難しい。だが、あの夜、これらの言葉は、神との出会いの入り口だったのだ。家に帰った時、シャロンは、何かあったことを知った。彼女は、私の涙の跡を見た。私は神に満たされ、平和に満たされ、喜びに満たされ、おそらく10分ほどの間、しくしくと泣いていたのだ。

私は、このことを心理療法士に話した。「そうよ、ロス。あなたが、最も相応しくない日に、深い神の恵みを、お現わしになったことに気づかなかったの？」これが、彼女のコメントであった。少なくとも私が考える限り、私は最も相応しくなかった。聖書を読んでいなかったし、祈っていなかったし、その日の大部分をいらいらとして過ごした。これこそが、真実の神なのだ。神は、我々が最も相応しくない時に、途方もない愛をもたらす何かによって、我々の悲嘆を共に担ってくださるのだ。神は、我々が相応しいから愛されるのではない。神は、ただ、愛してくださるのだ。

私の鬱との旅路について語る時、鬱が、私を教師から牧師的教師へ変えたとしばしば語る。ここに

登場している心理療法士のジュディス・マクブライドは、多くの記憶に残ることを語ってくれた。それは、鬱病の特徴である多くの自己嫌悪や罪について私が話していた時のことである。現在、私が奉仕している教会よりも、ずっと大きい教会（大きいといっても、カナダの基準だが）から、上級牧師として招聘したいという話があるが、「どんな教会であろうと、牧師になるなど、私には何らそのような権利はない。見てごらん、私は鬱病なんだ。鬱病の牧師など欲する者がいるはずがない！」と私が語ったところ、彼女は、まるでカウンセラーのように、「ロス、あなたの最もひどい破れは、あなたの最も偉大な使命になるのよ」と、穏やかで、深く心に沁み込むようにして語ってくれた。これらの言葉は真実であり続ける。このことは、悲嘆の贖い的な性格を示すものである。

限りない数の喪失が人間において悲嘆の引きがねになる。ティーンエイジャーの間での恋の破綻は、拒絶という意味で複雑化された悲しみをもたらす。これらの壊れた心たちはどこへ行くのか。彼らの両親は、簡単に片づけるが、子どもたちにとっては、捨てられたこと、そして自尊心が失われたことで、痛みを伴う経験となる。学校で仲間から外されている、あるいはいじめられている子どもは、普通のことと思われるようなことにも悲しみを抱く。牧師が教会を去る時、牧師と会衆は共に、深い喪失感を味わう。前任牧師の理想化は、新任の牧師がしようとする事を度々困難にする。教会員たちは、前任者のように説教ができないと互いに囁きあう。最たるものは、あの先生は「決してあのようにはされなかった」というような種類のものである。このような理想化は悲嘆の徴候であり、新任の牧師を招聘する前に、会衆は、長年にわたる牧師の喪失を悲しんでおく必要がある。会衆と長年にわたる強い絆で結ばれた牧師も、悲嘆に暮れる時間が必要である。

この世の贖いの歴史のこの時にあって、痛みは現実である。結婚を切に望んでいる独身者は痛みをもっている。ともかくも、結婚をしているということは、喪失による苦悩をもたらすことを彼らは想像している。結婚によるリスクをそれでも取る者は、最終的な喪失による痛みを避けることができない土俵に、実際に上がっていくのである。C・S・ルイスは、「死別は、普遍的で統合的な愛の経験の一部である」と語っている。[10] あるいは、ヒラリー・スタントン・ズーニン（Hilary Stanton Zunin, 1951-2021）は、「愛のリスクは喪失であり、喪失の代価は悲嘆である。愛のリスクを決して犯さない痛みに比べれば、悲嘆の痛みは影でしかない」と語っている。[11]

親友の死と、最愛の人の喪失を経験した私は、これらの訓練によって、いくらか準備はできた。私が、ショックを受けなかった、何度も涙を流さなかった、そして今もそれを回避する誘惑と戦っていないということではなく、新しい鬱の出来事の中に沈み込むこともなく、私は、それをやり過ごすことができた。西洋文明の中にいる多くの人は、彼らの感情を処理するために必要な情緒に敏感ではない。悲嘆が襲った時、彼らはどうしたらいいか分からない。真に人間になるためには、新しい心を発見し、愛情を知り、感情を認識することが重要である。それによって、真に心から強く神を愛し、また隣人を我々のように愛することができる。

これまで、死と、喪失と、悲嘆の領域における多くの神秘を知った。次に、我々が知ることができるいくつかの事柄について、考えていきたい。

注釈

1 Neuhaus, "*Eternal Pity*", 1.

2 前記。

3 前記2。

4 前記2。

5 前記4。

6 Mitsh and Brookside, "*Grieving the Loss*", 40.

7 Osterwise, Solomon, and Green, ed., "*Bereavement: Reactions, Consequences, and Cure*" の中の、Janice I. Krupnick 著、"*Bereavement during Childhood and adolescence*" 5章を参照のこと。

8 この考えは、アビラのテレサの著書（Teresa, "*Way of Perfection*", 115）の中の「完成への道」という章にある、「ああ、親戚から逃れ、もっと真実な友を見出すことは、何と素晴らしいことでしょう」という考えを反映している。

9 George Wade Robinson(1838-77).

10 Lewis, "*A Grief Observed*", 41.

11 Brandon, "Treasures", 154-55; Zunin and Zunin, "*Art of Condolence*", 11.

訳者注釈

1　この句は、パスカルの格言、「心には心なりの理由があり、それは理性には知りえない」である。本書のこれ以降の理解を容易にするために、原文の直訳とした。

2　スコラ哲学ドゥンス・スコッスの用語。ある個体を他の個体から区別して「この個体」たらしめている性質をいう、近代的概念では個性に相当する（ブリタニカ国際大百科事典）。

3　デニス・アレクサンダー（Denis R. Alexander）は、人間を含む生命体の死は神の創造において既に取り込まれていたと主張している（『創造か進化か ―― 我々は選択せねばならないのか』小山清孝訳、ヨベル）。訳者も同様に考えている（『今、よみがえる創世記の世界 ―― 進化論と聖書との対話』ヨベル）。

4　著者はここで、少年ダビデが巨人ゴリアテを倒した故事を想起しているようである。

第4章　我々が知っていることを、いかにして知るか――知ること

心には、私は、それほどは知らない、しかし、それほど知っているという、理由がある

臨死体験、あるいは死後体験について書かれた本が増えている。イエス、そして天国を見たといういくつかの報告は、もっともらしく見える。だが、人間の脳は素晴らしい力が可能であるという事実を含めて様々な理由により、これらの経験は、聖書が伝えようとしていることの確実な証明には決してなり得ない。それは証拠かもしれないが、証明ではない。彼らの経験が、すべての神秘のベールを取り除いたと信じている人たちとは反対に、現代の哲学は、死は人間の経験の向こう側にあることを認めており、従って、死に関して、完全な不可知論を奨励している。加えて、現代の哲学は、死についてあまり多くを語っていない。ノイハウスは、「死は、不合理な出来事であり、もしもそうでなければ合理的なコントロールのもとにある世界を、残念なことに分裂させる。この問題は脇に置いて、医学や医療技術の専門家に任せるのが最もよい」と語っている。[1] このアプローチの問題は、ノイハウス

が指摘しているように、「その結果は、真実についての異様な反真実的な見解、つまり、物事はそうではないふりをしましょうという考えの王国となる。」そして、彼は、エドナ・セント・ヴィンセント・ミレイ（Edna St. Vincent Millay, 1892 – 1950）の次の詩を引用している。

子ども時代とは生まれてからある年齢まではではないし、ある年齢でもない
子どもは大きくなると、子どもじみたことを放り出す
子ども時代は、誰も死なない王国、大切な人は誰も。
ただ、それだけのこと。(2)

哲学、特にアングロ－アメリカン分析学派は、死について意味をもって語るものは何もないと指摘し、「生きている者は、死について、合理的な分析の対象とする方法を知らない」としている。(3) だが、このことが哲学をする上で、すべてではなかった。古代から「すべての哲学は不思議から始まる」と語られている。ノイハウスは「いくらかの例外はあるが、現代哲学は、不思議で止まっている」と語っている。我々は、確実に知ることができないことを不思議に思うなと言われている。以下に、ノイハウスが指摘しているように、これでは、通りすがりの見知らぬ人である。

日常生活の中で最も重要なことを、我々は、確実に知ることはできない。間違いだと分かるすべての可能性を超えて知ることはできない。我々は愛や誠実について考え、また、確かではないと知りながらも、あらゆる合理的な疑いを超えて、長年にわたって意味や死について、自分たちが間違ってはいないかどうか考える。必要なことは、明確ではないにしても、我々が正しく語ることができる哲学、すなわち、疑いを除くのではなく、理解する知恵である。[4]

我々が知っていることを知る（認知論）方法は、たんに理性の能力によってではない。知るということにおいて、理性は一つの方法として重要ではあるが、それが、神の似姿を与えられた人間への贈り物と考えるとき、我々が知っているすべてを知るために、純粋理性を使用できるという考えは、実際には純粋神話である。実験による発見に重きを置かなかったので、科学は古代ギリシア哲学のもとでは発展しなかった。彼らは知識を通して理解または理想化できると信じていた。物質は、精神や知識よりも劣る現実であるという理由で、彼らには、実験が助けになるという考えは、起こらなかった。彼らは優れた数学者ではあったが、優れた科学者ではなかった。啓蒙思想以降、経験主義と理性が合わさったものが、知る方法として考えられるようになった。このような方法で科学が発見できなかったものは、どれも価値観と見做され、公の場で共有できるものは真の知識ではないと考えられた。信仰と理性は両立できなかった。十分な時間があれば、すべての神秘は科学によって、いずれ解かれるだろうとして、隠れて目に見えない知識獲得方法は、軽んじられた。モダニズムにおいて、公には科学が真理の裁定者となっている。証明したり、定量化できない信仰と価値観は、権威が低い個人世界に属するものとされている。西洋啓蒙主義あるいはモダニズムの結果、このような方向で、知識に到達する、あるいは知ることを知る傾向にある。我々は理性を用いるが、理性の限界に達すると、信仰を持ち出す。さらに、信仰さえも知ることが出来なくなると、しぶしぶ神秘を認める。

　ポストモダニズムのより深い洞察は、理性には偏見がないという純粋理性の理念の神話に挑戦した。また、マイケル・ポランニー（Michael Polanyi, 1891 - 1976 ユダヤ系ハンガリー人物理化学者・社会科学者・科学哲学者。）のような哲学者は、科学が偏見から自由であるという神話に挑戦した。科学が実験によって検証されるという問題に関わる場合には、理性に基づいて正確な答えが得られる。しかし、宇宙のより広い疑問に対して答えを見出していく科学の哲学は、知識の他の分野と同じように解釈的なものである。従って、ポストモダニズムは、純粋で偏見がない理性が存在するという近代主義の神話を打ち砕き、知ることを知る方法は、隠されており、すべての仮定には、前段としての仮定があるという事実を露わにした。

　キリスト教の知る方法は、知ることにおいて信仰が決定的な役割を果たしていることを、その基礎にしている。キリスト教の伝統において、奇跡に遭遇した時、信仰をもとにして理解しようとする。信仰は常に理性と絡み合って、奇跡と対峙する。このような意味において、信仰は知ることの方法であり、むやみなものではない。キリスト教は理性的な信仰である。アウグスティヌス(Aurelius Augustinus,

354 - 430）やアンセルムス（Anselmus Cantuariensis, 1033 - 1109）の時代から、「理解を求める信仰」式のアプローチは、キリスト教の伝統である。このアプローチは、一般哲学での批判的実在論（critical realism）のアプローチと同じと言ってよいであろう。

知覚の哲学において、批判的実在論は、我々の感覚データの一部（例えば、主要な性質のもの）は、外部の物体、特性、および事象を正確に表現することができ、また、実際に表現する一方で、他の感覚データ（例えば、二次的な性質および知覚的錯覚のもの）は、外部の物体、特性、および事象を正確に表さないという理論である。簡単に言えば、批判的実在論は、心に依存しない世界を理解するようになる（そして理解する）世界の心に依存する側面を強調する。[5]

批判的実在論は、ロイ・バスカー（Roy Bhaskar, 1944 - 2014）の影響のもと、特に、社会科学における知覚の哲学において用いられてきた。また、バーナード・ロナガン（Bernard Lonergan, 1904 – 1984）とマイケル・ポランニー学派において、多くの科学者–神学者であるT・F・トーランス（T. F. Torrance, 1913 – 2007）、ジョン・ポーキングホーン（John Polkinghorne, 1930 – 2006）、イアン・バーバー（Ian Barbour, 1923 – 2013）、アーサー・ピーコック（Arthur Peacocke, 1924 – 2021）、アリスター・マクグラス（Alister McGrath, 1953 - ）、ウェンツェル・バン・ハイスティーン（Wentzel van Huyssteen, 1942 - ）のアプローチを、具体的に述べるために用いられてきた。これらの学者たちは、科学とキリスト教神学の言葉、そして知る方法が、それぞれにおいて類似していることを明らかにするよう努めており、このことは、両者の間での対話の糸口になる。新約学の学者であり、ダラム教会（聖公会）の隠退主教であるN・T・ライト（Nicholas Thomas Wright, 1948 - ）も、知る方法における彼の信仰について、「批判的実在論の形を提案する。これは、知られている事物の実在を、知る者以外の他の何とかとして認めることを知る過程を記述する方法であり（よって実在）、この実在に対する唯一の手掛かりは、知る者と知られている事物との間における適切な対話または会話のスパイラルな道筋に沿ったものであることを完全に認めることである（よって批判的）。[6]」聖書的な科学者 - 神学者は、絶対的な確信は、この地上では到達不可能なゴールであるという考えを共有しているが、我々は、証拠を注意深く調べ、それが自己矛盾しない時、得られた知識に合理的な確信をもつことができるであろう。

悲嘆についての神学と心理学に関して、本書は、このようなアプローチを採用する。不思議を伴う神秘に出会ったとき、信仰と理解の両者によって洞察を進め――さらには、還元的あるいは単純ではなく、悲嘆がもつ特殊性と共通性を考慮すると――、啓示によって知ることができる確かさの中に避難することは、悲しみをケアする上で、現実的（批判的かつ情緒的）で、好ましいアプローチであろう。我々が個人的にまた神学的に何を知っているかという命題に対する、この批判的で現実的なアプローチは、本書を通して繰り返して述べる「喪失における神秘と確実なことについて、私は、それほどは知らない、しかし、それほど知っている」を、反映したものである。

よって、このことを知る方法は、信仰を無視するものではなく、むしろ組み入れるものである。知ることは不思議さをもって神秘と啓示に出会うことから始まり、信仰において理解を追求する。このような取り組みを通じて、悲嘆（悲しみ）、死、復活について、何かを語ることができる。確かに、死や悲嘆を含めて、クリスチャンの物事を知る方法は、それが、神秘と信仰の両者が含まれていることから、謙虚でなければならない。啓示されていることを超えた独断は、真にクリスチャンの知る方法ではない。

このことは、クリスチャンは何も知ることができないことを意味するのであろうか。神は御子イエス・キリストを通して、人間の歴史にご自身を現わされた。イエスは、人間と一体になり、我々の身代わりとして死に入り、そして甦られた。[7]イエスを予言した旧約聖書と、イエスを明らかにした新約聖書を通して、神は、イエスが誰であるか、そして人間の救い、死と復活について明らかにした。教会はこのことを受け止め、豊かで知的な伝統がこれに伴って生じた。啓示には矛盾がなく、このことは、数百万という信者によって、真実であると証言されており、我々が個人的に、神学的に知る上での、批判的で現実的なアプローチである。死、復活、喪失、悲嘆について、啓示によって知ることができる確かなものへの避難を探すと共に、我々が死や悲嘆の神秘について知り得ることには限界があることを認めて、謙虚と不思議さを保ちつつ神秘の中にそれらを押し留めておきたいと思う。

私は、死、喪失、悲嘆の神秘に遭遇するとき、御子イエスや神のみ言葉の中に現わされた神の啓示を信じる信仰を通して、イエスの死と復活によって死のとげが取り除かれたことを知るようになった。イエスは聖霊によって、今、我々を慰め、そして将来への希望を与えるために存在している。私は、啓示によって、人間は三位一体の神の反映であり、それ故に他者と絡み合った、勝れて関係的な人間であり、また、それ故に、内なる自分へと深く向き合う存在であることを知るようになった。啓示によって、罪がこの世に入り、たんに病気や死の明らかな苦難ばかりではなく、神と他者との関係の断絶の結果として起こる言いようもない不安、病気、傷をもたらすことに気づくようになった。これが、私の知ったことである。私は、これらのことを信じるために理性を捨てた訳ではなく、究極的には、信仰へのステップを踏み出したことを知ることになった。歴史における神の啓示と、実際の歴史において、御子が生き、死んで、復活したことを照らし合わせてみると、信仰は合理的である。だが、御国は既に来たものの、未だ完全ではない時代に生きる我々が経験している、死の神秘は、依然として神秘のままである。多くのことを我々は知っていない。奥深くある人間の魂、他者の喪失がもたらす影響、ショックがいかにして我々を守ってくれるか、悲嘆と回復における個々人の特異性、罪の自己志向性が我々の人格をいかに曲げているか、罪を犯したときに我々の関係性がどのようになるか、何が、ある遺族には慰めをもたらすが、別の遺族にはもたらさないのか、そして、将来復活したとき、どのような姿なのか。これらのいずれについても、あまりにも多くのことを私は知ってない。

知識の源

クリスチャンにとって、知識の源は、大別すると三つのタイプの啓示に分けることができる。第一番目のものは、神の人格的啓示である。神は、ご自身を現わされたが、神ご自身の人格を今も現わし続けている。この啓示は、神の独り子、主イエス・キリストの人格を通して、そしてまた、聖霊の人格――それによって、我々が再生させられるようにと啓示を受ける霊的な感覚を覚醒させる――を通してなされる。また、この人格的な啓示は、第一義的には、書かれた神のみ言葉、つまり聖書によってなされる。これは、多くの人間の著者によって書かれたものであるが、それは聖霊の導きのもとに書かれており、神が欲することを書いたものである。このことは、特別啓示と呼ばれているもので、神が言おうとしていること、そしてその意図する方法は、人間の著者の記述スタイル、文法的なニュアンスの中で、矛盾なく保持されている。

教会は、この啓示に出会い、受け入れ、解釈し、そして時が経って、それらはキリスト教信仰の本質を表すいくつかの信条として要約された。ニカイア・コンスタンティノポリス信条は、東方教会（現在のイスタンブール、つまりコンスタンティノポリスを中心とする東方正教会）と西方教会（後にローマ・カトリック教会）の古代教会によって定められた。この信条で表されたキリスト教信仰の基本的信認は、正教会、カトリック、プロテスタントの伝統として、現在も維持されている。これは、一次神学と呼ばれることがある。死、復活、人間の精神の性質、喪失と悲嘆は、神の人格と特別啓示の最初で、かつ最も大切な反映であり、これらのものは、この啓示によってまとめられている。

啓示は、交わりのカテゴリーに属する。神はご自身との交わり、連帯の中において、人間にご自身を啓示された。交わりが起こる前に、結ばれることが必要である。従って、霊的な死からまず覚醒させる聖霊の再生の働きによって、キリストと結ばれて、啓示を受ける。キリストの美しさを見、霊的な真理を理解する霊的な目を開く、聖霊の照らし出す働きによって、つまり、我々をキリストに結び合わせる内在の聖霊によって、啓示を受けることになる。人がキリストに従って教会に織り込まれ、イエスを愛し、愛され、さらには聖霊によって力を与えられるにつれて（このことは、喪失、死、復活について真理を知覚し、さらには慰めを受けて、他者にそれを分かち合うという文脈において）起こる。真理の知覚、慰めと希望の受け入れ、それらの他者との分かち合いにおける我々の役割は、すべて、神の参与あるいは連帯の中において行われる。

だが、このことは、人間性、喪失、悲嘆の経験の真理について、クリスチャンだけが知ることができることを意味するのであろうか。そうではない。神は、創造を通してご自身を現わされた、よって、一般啓示は、すべての人間が与り得るものである。このことは、宇宙が巨大で、力に満ちており、秩序があり、美しいという巨視的観察に対する知的人間の応答を含む。そこには神の現存があるに違いないのだが、罪に陥った人間の心には隠されている。パウロは、ローマ人への手紙1章19–20節において、このことについて、「なぜなら、神について知りうる事柄は、彼らにも明らかだからです。神がそれを示されたのです。世界が造られたときから、目に見えない神の性質、つまり神の永遠の力と神性は被造物に現れており、これを通して神を知ることができます。従って、彼らには弁解の余地がありません」と述べている。

このことは、この延長線上にある、科学の巨視的発見を通して近接可能なすべての真理も含む。すべての人間は、神の似姿に創られていることから、クリスチャン、ヒンズー教徒、仏教徒、あるいは無神論者を問わず、感覚的な証拠に応答する能力と、理性を用いて、得られた証拠を集めて思考する能力が備えられている。また、内省と自己理解、そして世界の平安・平和のために働き、追求する能力も有する。従って、人間の心理学の分野（ソフトとハードを含めた他の科学と共に）は、我々の悲嘆と喪失を理解することを助ける重要な真理を有する。フロイト、ロジャース、フェアバーン等の業績の中に見出すべき真理がある。

言うまでもなく、これらの科学者も特別啓示によれば、罪人である。最初の人間が神に不従順になって以来、すべての人間は霊的に、また関係において歪んだ状態にある。だが、人間が罪に陥ったからといって神の似姿を消し去ることはできない。それらは傷つき、損なわれているにすぎない。仕事を遂行し、テクノロジーを生み出し、よりよい世界を築きあげようとする努力は、罪人として、神、自分自身、隣人、被造物から疎遠したことによって、悪い方向へと向かっている。現代における神の否定（「神の死」）、あるいは、神を少なくとも個人の信仰や価値の中に閉じ込めることは、科学的な真理の追究が出来るとしても、そのことを、哲学的に神を含んだ世界観――より優しい心的世界観――に統合しない。心理学や社会学の科学者を含む自然主義的な科学者は、科学は純粋理性の領域であり、神仮説が入り込む余地はないと主張している。だが現実は、先にも述べた通り、理性に基づいた客観性や解答は、問題を他から切り離した場合にのみ可能である。科学は、ある分子の中での原子の空間的な配置、あるいは人間のゲノムの中でのＤＮＡの配列というような、「小さい」問題に対する解答を与えることはできるが、調和と秩序の中にある宇宙とその意義のような「大きい」問題については、信仰によらなければ、あるいは神仮説の肯定あるいは反対という偏見なしには、解答を得ることはできない。マイケル・ポランニーのような哲学者は、科学そのものは、他の学術分野と同様に、信仰仮定に依っていることを明らかにした。[8] 科学は事実上、形而上学的な関わりから分離不能である。ジョン・レノックス（John Lennox, 1943－）は、「完全に独立的で、すべてに先立つ理論、哲学、倫理、宗教から自由である、冷静で合理的な科学者が研究し、無感動で絶対的な真理を構成する偏見のない結論に到達するという啓蒙主義の理想は、今日、真剣な科学哲学者たち（実際、大部分の科学者）にとって、単純化された神話と見なされている」と語り、さらには、「他の人文科学者と同じように、科学者は、あらゆる状況に関わるというこれまでの考え、つまり、世界観を持っている」と述べている。[9]

我々の堕罪（自分自身の中に向かうこと）を特徴づける神の否定、自己中心への傾向は、他者を否定し、環境を育てるのではなく略奪へと、そして、我々の仕事や富を自己的な目的へと向かわせる。心理学については、フロイト（Freud）の基本的なアプローチは、神の否定に基づいており、神は、人間がもつ、完全な父への心的憧れの反映であると主張するものである。従って、見識あるクリスチャンは、一次神学と矛盾しない限りにおいて、フロイトの優れた遺産の中に真理を探すが、反神的な偏見がフロイトの考えを歪めているだろうこと、そして、彼の貢献を評価しつつも、彼が心理学と心理療法の理解の発展を見落としている事実にも目を向けることが必要であろう。特別啓示には誤りがないが、フロイトは、そうではない。

そこでこの後、悲嘆のテーマにまつわる、悲嘆の心理学における最も優れた洞察と、人間と心についての一次神学からの洞察との対話——批判的で現実的、三位一体的、そして統合的な対話——を通して、悲嘆と、悲嘆からの回復の本質についての広範な説明を試みていくことにする。

注釈

1 Neuhaus, "*Eternal Pity*", 5.
2 前記。
3 前記。
4 前記。
5 http://en.wikipedia.org/wiki/Critical_realism_（philosophy_of_perception）

6 Wright, "*New Testament and the People of God*", 35.

7 「知的な判断を下すための書き物で、かつ歴史的に優れた証言によって証明され、優れた歴史的データを提供する、古代世界からの資料は存在しない。正直な人間は、この種の情報源を破棄することはできない。キリスト教の歴史的信憑性に疑いをもつ者は不合理な偏見に頼る」(Pinnock, "*Set Forth Your Case*", 58)。「いくらかの作家は、キリスト神話の幻想で遊んでいる。だが、歴史的な証拠に基づいてそうするのではない。キリストの歴史性は、ジュリアス・シーザーの歴史性と同様に、偏見がない歴史家にとっては自明である。キリスト神話説を唱える者は、歴史家ではない」(Bruce, "*New Testament Documents*", 123)。14年間、ラグビー校の校長を務め、有名な"History of Rome"の著者であり、オックスフォードの現代史の長に任じられたThomas Arnold教授は、歴史上の事実を決定する証拠の価値に通じている人物である。その彼は、「私は、別の時代の歴史研究に長い間かかわり、それを書いた人物の証拠について調査をし、その重さ付けを行ってきた。公平な調査者が理解する限りにおいて、私は、人間の歴史の中で神がキリストを殺し、死から立ち上がらせたということを我々に与えたという偉大な徴よりも、あらゆる種類の証拠によって、よりよく、より十全に証明された一つの事実も知らない」と述べている (Smith, "*Therefore Stand*", 425-26)。これらの証拠は、歴史的、法律的なものであり、科学的なものではないということに留意することが必要である。復活は再現性があるのかないのかということを見るために、検証することはできない。人間の復活の真の検証は、終末まで待つ必要がある。それまで、歴史的に十分な証拠があるが、それは科学的な証拠ではない。もしも証拠が必要とされるなら、信仰は不要である。

8 Polanyi, "*Tacit Dimension*".

9 Lennox, "*God's Undertaker*", 33。それ故、Lennoxはポストモダニズム派の一部思想家が主張する、すべての科学は、「完全に客観的で、任意の社会的構成概念」であるとする極端な立場を取らず、「批判的実在論」のやり方で行うよう提案している。

第5章　悲嘆の源と性質　三位一体神学からの洞察――モデリング

喪失に出会ったとき、言うまでもないことであるが、我々は、自分を見失い途方に暮れる。私がシャロンを失ったとき、どうしてよいのか途方に暮れた。それは生半可なものではなかった。長い間、彼女の魂が私の魂と、私の魂が彼女の魂と絡み合っていたのだ。彼女が亡くなったことによって、私自身も粉々に砕け散ってしまった。子どもたちも同様であった。遺された家族だけで最初の夕食を食べた夜のことを思うと、胸が締めつけられる痛みがある。シャロンが召された2日後のことであった。マーティンとハザーの喪失からくるショックを和らげるために、子どもたちが大好きなピザレストランのミー・アンド・エドに連れて行ったが、それは大間違いであった。どう話を切り出したらいいのか、子どもたちは涙をこらえて、テーブルにじっと座っていた。私たちは、家族として、また人間として、道に迷ったような者であった。輪の中のひとりの人間の不在によって、「喪失」が現実になったのだ。家族の精神的な柱、基準点である彼女の不在が切々と心に迫った。彼女は我々の一部であった。だが、今は居ない。私たちは迷子そのものであった。

4か月後、リーゼント・カレッジに戻った時のことであった。私の喪失感が突然、噴出した。最初の日の講義を無事終えてほっとして、バッグを後ろの座席に放り込んで車の運転席に座ると、シャロンに今日の報告をすると共に、今から帰宅することを告げるために、携帯電話に手を伸ばした。6043247292に電話をした。誰も応えることはなかった。私は、咄嗟に、彼女が居ないことに気づいて、崩れ落ちて泣いた。他の誰が、あの一体感、あの基準点、あの感情の確かさと知恵を与えてくれるであろうか。

突然襲いかかってきた激しい感情は弱まってはいったが、喪失感はその後、8年にわたって続いた。ある意味において、彼女はいつも私の一部であり続けるであろう。私を形づくることを助けてくれた彼女の徳も、存続し続けるであろう。だが、失われてしまった私自身の一部は、戻ることはない。恵みによって、別の人を愛し、その人を受け入れ、ある意味において再び統合できる能力が与えられた。だが悲嘆は魂を分かち合うというリスクの結果である。まさに、そのようにリスクを負うことは、人間が人間たることとの本質である。我々は、対人関係的、共同的、関係的な存在である。我々の人格は、他者によって、他者との関係によって作られる。このことによって、死んでいく者、残された者の両者において、喪失の重みを知ることになる。また、他方では、神や他者との関係は、回復と再統合を可能とする。悲嘆はその本質において、まさに「悲嘆の共有」、つまり対人関係の結果である。それは、他者の命を共有すること、我々自身の共有から来るものである。死が現実として存在するこの破れた世界において、我々は対人関係的自己の一部である他者を喪失するというリスクを負う。それは、私たちを傷つける。私たちは、失ってしまったのだ。

悲嘆の共有というモチーフを考えるにあたり、悲嘆の本質が人間の関係的、人格的性質と深く関連していることから、本章において、これらの概念が重要であることをまず認識する。喪失と悲嘆の性質について多くの理論があるが、悲嘆の応答の力を理解するための最も有効な方法は、関係的で人格的なもの、つまり人間の自己の対人関係的性質のリアリティに焦点をあてることである。このことは、三位一体神学からの人間学的な洞察であり、本章でこのことについて考察する。それはまた、心理学からの洞察、特に愛着理論――このことは第7章で主に取り扱う――とも一致している。

対人関係的自己に基づく悲嘆の説明

人間……そして人間の悲嘆を理解する手掛かりとしての三位一体の神

人間の人格性の不思議さを把握することなしに、喪失について理解することはできない。人間は、唯一無二の存在であり、同時に、対人的であり、深い関係性をもち共同的である。自力により獲得した知性、あるいはさらに進んで心理学的に自己実現を成した個人としての西洋の古典的人間観は、間違った考えである。原子主義(訳注1)の対極にある、集団主義の概念――国や全体のために個性を犠牲にして、区別がない個々人の集合体――も同様である。人間についての福音的理解は、相互浸透的な三つの位格、つまり、本質的なものと交わりとが、互いに内的に結び合わさった真に三位一体的な創造主を反映したものである。三位一体においては、交わりと位格は同等の関係にある。つまり、他の霊的な人間の存在なしには、完璧な交わりの中に霊的な人間はいなかったし、これからもいないであろう。それぞれは、完全に他者の中におり、それぞれは他者を活気づける。そうでありながらも、それぞれは唯一無二の存在であり、交わりによって紛らわすことがない存在である。三位一体の社会的教義は、聖書、特にヨハネの三位一体の洞察からも、[1] 私は、正しいと信じている。[2] このことは、簡潔な表現、つまり、受肉した御子、与えられた聖霊における父である神の歴史的啓示に鑑みても同様である。我々は、真に人であるイエスにおいて、三位一体についての、最良の洞察と類推の基本的な関係概念を得ることができる。

三位一体教義の実際的で適切な用語について、コーネリアス・プランティンガ（Cornelius Plantinga, 1946－ カルヴァン神学校の学長を勤めた組織神学者）が、次に見るように、見事に要約している。

> 聖なる三位一体は、父、子、聖霊という三つの完全に神的な実体の超越社会、あるいは共同体である。これら三つが、それぞれがもつ神的真髄、例えば永遠性、崇高な知識、愛、栄光というような共通の神聖によって、見事に結び合わさっている。それらは共通した、歴史的贖いの目的、啓示、業によっても結ばれている。これらの知識、愛は、被造物はもとより、根本的、原型的に

それぞれ互いに向けられている。従って、三位一体は、神的な光、愛、喜び、相互依存、活気に溢れた、香り豊かな素晴らしい共同体である。それぞれは、位格、異なる位格であるが、個別で分離した位格ではない。なぜなら神聖な命において、隔離、絶縁、秘匿、さらには、他者に対して素直であることへの恐れがないからである。従って、他者ではあるが、共にいる他者（co-other）、愛する他者、仲間である。父、子、聖霊は、比類もなく最高に模範的な「互いの一員（members of one another）」である。[3]

神から人間的なものへの道

言うまでもないことであるが、神とは誰か、我々人間とは誰かということに関して類推することは、特に慎重に行わねばならない。神が三位一体であるという主張・論考・考え、つまり神についての表明（神論）が、人間存在のアイデンティティ（人間学）や理想（倫理）を洞察するために、なぜ使用できるかについての質問は、この問題を考える上でよい出発点である。アリスター・マクファディン（Alister McFadyen）は安易すぎる類推に警告を発しており、神が三位一体であるということから人間へ向かって話を進める上で、そのプロセスが決定的に重要であることを指摘している。[4] 彼は、聖書的啓示との一致、神の超越性の維持、そして用語の適切な使用を強調している。

例えば、人間は、神の位格的関係も、個々の位格の交わり（communion）の完全さのいずれをも、完全には反映できない。私の個人的な考えであるが、共同体（community）という用語は、神的なものにではなく、三位一体を反映する人間の社会的な存在にのみ、使われるべきであろう。三位一体の位格の一体性は、交わりとして最も適切に表現される。共同体は、三位一体（完全な内的三つの位格）というよりは、三つの個別の集合、つまり三神論（三つの神）を示唆しているように見える。共同体は、神的なモデルに似ている、あるいはそれへのアプローチではあるが、決して到達しない人間について適切な用語である。同様に、存在と行為において神的位格の相互浸透を意味し、それぞれが他によって活気づけられ、神の統合がこれらの関係を支配しているとする、コインヒーレンス（coinherence 一致）あるいはペリコレーシス（perichoresis 相互内在、相互浸透）という用語は、神を語る場合にのみ使用されるべきである。人間の相互浸透性は、例えば、結婚を考える場合に、コインヒーレンスと、最もふさわしく共鳴する。

だが、我々は神の似姿に創られており、実際、神的なものと共鳴している。神の似姿としての対人関係的自己という考えは、聖書の物語で現わされている人間性の考えとよく一致している。物語の開始である創世記第一章において、神が人間を神の似姿として創ったことが記されている。原型的な自己の基盤は、「重要な他者の内在化された応答」であり、この場合、重要な「他者」である。自己の始原的な基盤は、神を知ることである。学術的なキリスト教伝統の歴史の中で広くいきわたっているイマゴ・デイ（imago dei）は、関係的な概念である。つまり、親密で契約的方法による神との関係にあるようにと（「神はご自分にかたどって人間を創造された」）、神が人間に与えた能力である。T・F・トーランスは、人間が神の似姿を内在するとき、主要な役者は神であると適切に表現している。[5] 基本的に似姿の管理者は神である。それ故に、神の恵みによって、それぞれは神との関係に入ることが可能とされ、そして、平等と他者性という方法で（「男と女に創造された」）、他者との関係も可能になり、さらには創造という殿堂において神の代理人として、被造物との関係も可能になる。イマゴ・デイ（imago dei）――あるいはすべての啓示に照らし合わせるとイマゴ・トリニタティス（imago trinitatis）――は、互いに愛し合い、自己をささげるという人間の交流的性質である。イマゴ・デイの性質については他の意見――人間の理性や自省（構造的見解）、神から与えられた被造物の管理に対する能力と義務（機能的見解）――があるが、これらの二つは、人間が、神、他者、被造物との関係の中にあるという基本的な関係性の現実に依存している。従って、我々は関係的で位格的な神と類似している。[6] よって、我々は極めてユニークであるが、同時に深く他者との関係の中にある。互いに完全に内在的になることはできないが、互いに依存しあっている。我々は、相互浸透の方法を知っており、互いを活気づけることができる。

クリストフ・シュヴェーベル（Christoph Schwobel, 1955 – 2021 組織神学者、ルーテル派）やコリン・ガントン（Colin Gunton, 1941 – 2003 組織神学者、改革派）が提案している、[7] 神は誰かということに基づく人間のアイデンティティと理想について考察する、ブリッジング概念の妥当性を検証することは助けになる。彼らの考えを引用しながら、ジョン・ヴィトヴリート（John Witvliet, 1967 - ）は、ブリッジング概念が二つの主要なもの――人間の存在が神の存在に倣っているとするモデル概念に基づくもの、そして聖的交わりにおける、人間と人間共同体の参加の概念に基づくもの――からなっているとしている。[8] 人間の存在と行為、つまり人間学と倫理学を、三位一体をモデルとして注意深く、筋道を立てて考察すると、多くの示唆が与えられる。しかしながら、モデルのブリッジング概念だけでは、うまくいかない。三位一体の神をモデルとする唯一の理由は、我々が神の命、人格、そして交わりに参加していることによって、神と関係しているからである。神聖な命を、人間の社会倫理学的な洞察のため、特に悲嘆の理解を助けるための方法として――このことは、三位一体の神学者によって詳説されているように――考察することは有効である。だが、神聖な命と愛に与る偉大な福音のリアリティから離れては、この考察は不可能であり、たとえできたとしても、このような考察から得られる慰めは僅かである。これらのブリッジング概念は、合わせて考えるべきである。

人間が神の似姿にあるとするそもそもの概念は、アダムとエバに遡るもので、キリストの仲保を通した二人と神との関係性――神聖な命に与る――に依存する。ジャン・カルヴァン（John Calvin, 1509 - 1564）は、最初のアダムでさえも、受肉以前のキリストに与っていたので、堕罪の前には神の似姿であったと推測していたと、クレメント・ウェン（Clement Wen）は強調している。

キリストは堕罪の後でのみ「仲保者」であったかのように見えるが（受肉を通して）、「たとえ人間が全く汚れていなかったとしても、あまりにも低いので、仲保者なしでは神に近づくことはできなかったであろう」とカルヴァンは見ていた。従って、堕罪の前においてさえもキリストは我々の仲保者であり、最初から「キリストは頭として天使や我々よりも上に置かれて」おり、「キリストはすべての被造物の長子であった」という事実の故に、このことは正しいと主張した。[9] 故に、カルヴァンは、「アダムがあらゆるよいものを身に受けたのは、唯一の御子を通して創造主の栄光に近づいたという事実から生じている」と言う。従って、キリストに参加することによってのみ、アダムは神の栄光の「鏡」であった。アダムの力強い「キリストとの結びつき」によって、神はご自身をアダムの中に見られた（つまり、神はご自身をイメージされた）。なぜなら、堕罪の前においてさえ、「天使も人間も、堕落することがないように、（キリストの）恵みによって神と結ばれていたからである。[10]」……アダムとエバは、彼らの命、神をイメージするまさにその能力は、すべて神との交わり――コイノニア（κοινωνια）――に依存していることを常に考えていた。[11]

同様に、ジュリー・キャンリス（Julie Canlis, 1973－）は、「神無しで機能するもの（例えば「イメージ」）を神は我々に与えない、つまり、人間の基本的性格は、交わりを要求している」というカルヴァンの人間学の参加的理解について述べている。[12]

神は人を愛し、見続けているので、堕罪は神の似姿を消し去らなかった。我々の感覚器官は傷ついたので、堕罪した人間の中で似姿は醜く歪められたが、形而上学的には、人間は関係の中にあることを止めなかった。だが人間は、霊的に疎外され、死に晒されており、道徳的に堕落し、情緒的にも壊れており、彼らの関係はいつも和解が必要である。御子が人となり、真実で最後のアダムとなって、我々が見ることができない神の究極の似姿となって、この世に来臨したが、このことによって、また、信仰によって、キリストと結ばれたとき、我々の命の中で神の恵みの業が働いて、神の似姿が次第に完全なものへと回復されていく。三位一体の神の反映として人間性の豊かさが、栄光から栄光へと回復するために、クリスチャンの生活の核心は、神の栄光を愛をもって内省することである（Ⅱコリント3章18節）。人間は、神を、隣人を、そして被造物を、再び愛することができる。[13] 今の時代、死はまだ存続している。それは、人間の根源的な代表者であり、最後のアダムであるキリストの死と復活による決定的な勝利によって滅ぼされたが、最終的には彼の再臨のときまで、滅ぼされないでいる。本よって、今の時代にあっては、愛する人の喪失は、自分自身と一緒にある一部の喪失を意味する。本章は、なぜそうなのかという理由を神学のレベルで表現することにある。本質的に我々は、我々を創った神を反映した、相互的に深く浸透し合う人間である。神の似姿であるという驚くほどの喜びのリアリティは、愛する者を失くした時、ショックと悲嘆の中に我々を引きずり込もうとする。だが、そのように創造した神が、我々との関係性の中で、常に、否、特に、我々が苦難の激しい荒波を通り抜けている時に、我々を慰め、ゆっくりと我々を変えてくださることを知ることは、慰めでもある。モデル化と参加は、共にある。それぞれについて、少し述べていきたいと思う。

モデリング橋

関係的神によるモデル

人間の人格と共同体を、神の人格と交わりに倣う（モデリング）とする、「ブリッジング概念」は、カール・バルト（Karl Barth, 1886 - 1968）以降、大いに述べられてきた三位一体神学の中にある。[14] ヴィトヴリートは、「これらの著作の共通の糸は、実体は他の実体との関係によって定義され、人間は他の人間との関係によって定義されるという概念である」と述べている。バルトのこのような感覚は、例えば「私と同じ道にある他者と遭遇する。……他者の自己断言に対抗することに遭遇せずに、自己断定はできない。我々の人間性の最小、もしくは一般的な人間性の定義は、遭遇において人間であることであり、この意味において、人間を他の人間と共にある人間として決定するものであるに違いない」という彼の記述の中に見ることができる。[15] 彼が、人格に対して用いる「共にある人格（co-humanity）」という用語は、このことの証左である。ユルゲン・モルトマン（Jürgen Moltmann, 1926 - ）は、この類似を発展させた別の重要な神学者のひとりであった。彼は、人間を隔離された実体としてではなく、「成長している相互依存の世界」の中で生きる人間として語り、「ネットワークと社会的な環境のなかで

考える」ことを勧めた。(16)「関係の中で存在する」人間について、彼は、次のように書いている。(17)

生きているということは、他の人や物事との関係の中に存在していることを意味する。命とは交わりの中での会話である。逆に、孤独、関係性の欠如は、すべての生きているものに対する死、さらには素粒子の消滅さえも意味する。よって、現実として何が現実であるか、生きているものとして何が生きていることかを理解したいなら、それ自身の根源的で個別の共同体、その関係性、相互関連性、環境について知らねばならない。(18)

モデリング橋の妥当性の主要な論点は、歴史的遺産としての「人間」という用語とその意味である。「人間」という用語の真の遺産は、デカルト（René Descartes, 1596 - 1650）の個人主義（我思う、故に我あり）という西洋のものではなく、真正の神の恵みによって、人間の人間性が神聖な三位一体の人間性と類似していることが明らかになった、四世紀の三位一体論争（私はあなたがそうであるからです）である。アラン・トーランス（Alan Torrance, 1956 - 組織神学者）は、強くこのことを主張している。彼は、人間の概念に当てはめる場合に、ジョン・ジジオウラス（John Zizioulas, 1931 – 2023 ギリシア正教の司教、組織神学者）が唱える、個人主義の意味合いをもつ西洋的実体のカテゴリーの逆転を支持している。ボエティウス（Boethius, 480 – 524/525 哲学者、修辞学者）の「人間は理性をもつ個別の実体（substantia）である」という有名な主張において、トーランスは、ジジオウラスがラテン語の substantia をギリシア語の hypostatis（実体、本質）に、だじゃれ言葉で核心をつきながら、適切に翻訳したと述べている。ジジオウラスが指摘していることは、「人間は ekstasis（無我の状態）の内で hypostatis をもつ、ユニークな存在、つまり、正確には境界がない類のものである」ということである。人間は独自にクリスチャンのカテゴリーに属しており、西洋は、教父（カッパドキア）の思想に特徴的なこの考えを失くしてしまった。[19] 最も基本的なレベルにおいて、彼は、人間はその存在において、関係が根本であるように考えるべきだと主張している。多くの西洋キリスト教において特徴的な単項的（一つの要素は単一の計算結果を算出する）な個人主義的カテゴリーで人間を考えるなら、人間存在の最も基本的な特徴が失われることになる。[20]

西洋の個人主義は、三位一体のリアリティによって救われることが必要である。もっと詳しく推理すると、「デカルト主義とその後継者の中には、容易に集団主義者に崩壊していく個人主義者がいる」ことがわかる。[21] コリン・ガントンは、著書『三位一体神学の約束』において、カントの存在論と、ジョン・マクマリー（John MacMurray, 1891 – 1976）が主張するそれとは「異なった存在論」を一緒に検証した。ガントンは、「我々が個人としてでも、集団の一部としてでもなく、互いに自由な関係にある人間であることの、より関係的な見解の最初の証拠」を見出している。[22] ガントンの、個人主義であれ、集団主義であれ、絶対化への抵抗は、人格の欠かせない構成として、関係的なものと個人的なものを統合する中間的な立場を守る方向へと向かわせている。ガントンは、マクマリーのユニークな存在論は、暗黙的に三位一体の考えから生じていることから、重要であると指摘している。ここで述べたように、三位一体的な考えは、ガントンの強調のキーポイントであり、似姿としての神学に関して、このことに賛成している他のすべての神学者に、彼は謝辞を述べている。[23]

しかし、神と人間の属性を混同せずに、神聖と人間の間にある分離の橋渡し（ブリッジング）を、いかにして行うのであろうか。「神聖と人間の間にあるラジカルでダイナミックな連続性は、キリストの故である」とするアラン・トーランス[24]に同意する。従って、類似もしくはモデリングは、一義的ではなく、類似的関係（analogia relationis）による、キリストに基礎を置いていることを強調したい。このことを、オリバー・オドノヴァン（Oliver O'Donovan, 1945 – 英国国教会司祭、キリスト教倫理、実践神学）は、類似の基盤を具体的にキリスト論において確認しており、次のように書いている。

> 三位一体とキリストの人格についての論争の中で、教父時代の神学者は、人間の個別性についての古典的思考パターンの行き詰まりを打開するために、「人」という用語を、神学、ひいては哲学の中に持ち込んだ。彼らは、個別性が「理性（ヌース）（nous）」または「魂（プシケー）（psyche）」にあるとする、古代からの概念を引き継いだ。しかし、この引き継がれた尺度がキリストの個別性に適用されると、神であり人であることによって、キリストは二人の人間なのか、人間性と神性の属性のすべてを必ずしももっていない一人の人間なのか、あるいは人間の最高度の属性は、いずれにしても神性

である（最も古典的なものに近い）のかという、想定外の選択範囲が生じた。この行き詰まりを打開するために、カルケドン定義としてよく知られているように、「人」と「性質」という概念の間に明確な線を引いた。カルケドン公会議でキリストを「二つの性質を有する一人の人」と言う場合、「人（hypostasis）」とは、一般的ではない個別的存在を表しており、「性質」とは、一般的な神性と人間性の区別を構成する、神性または人間性の属性が複合したものを表す。ボエティウスの第五番目の論文が哲学者に与えた影響によって、この概念は、キリスト独自の人間から、すべての人間に一般化された。よって、人間の個々人は、キリストの人間的属性がたんに具体化されたもの、つまり全部の人間の中の単なる「古い石の塊から取られた一片のかけら」ではなく、それらの属性をもつ人間である誰か一人として考えられるようになった。このような考えは、個々人に対する神の呼び出しについての聖書的理解に根差している。我々の人間性の存在をもたらすこれらの出来事の前に、「私はあなたを母の胎内に造る前から、あなたを知っていた」（エレミヤ書1章5節）と、我々は神によって呼び出されているのである。[25]

関係的人間としてのモデル

創世記一章の人間の似姿をもつ性質には、二次元性がある。人格としての神が人間との関係の中にあることから、彼らはたんに人間関係にある人間であるだけではない。このことは、似姿のまさに決定的な概念である。人間はその性質において、そもそもっている関係的な性質を反映している。このことに関して、似姿を与えられたという記述のその後、直ちに「男と女に創造された」(創世記1章27節)と、神はこの世界におけるご自身の似姿として、明確に二人の原型的な人間を創られたことに注目したい。「神はご自分にかたどって人を創造された」後に、さらに「神にかたどって彼らを創造された」と、男と女であることが区別されて記載されている。神の似姿が、人間のサブタイプの二人に反映されており、この二人が、同じではなく、異なった者として、一緒になって似姿を構成していることは明らかである。関係性において、二人は平等であるが異なった、神の似姿なのである。人間の関係的性質は、神によって創造的に与えられたものであり、性が関係的性質において役割を果たす部分を付与されている。人格において、性の平等性と差異性が尊重されるとき、神の似姿は全うされる。なぜなら、啓示の十分性が示すように、神は、父、子、聖霊として、それぞれが等しく神聖であり、名誉において平等であり、しかも、単純化できない三つの位格における関係的神である。

神に繋がる人間の人間関係的性質は、結婚したカップルのみに似姿として表されるわけではない。すべての人間が、人間関係的である。レイ・アンダーソン(Ray Anderson, 1925 – 2009 神学者)は、このことについて、「男と女に創られた本来的に複数の人間と、この複数の人間の中にある神の存在との間には、少なくとも意図的な対応がある。……似姿は個々人の中にすべてであるのではなく、共存する人間の中により完全に表されていることは、全く明確である。それ故、神ご自身が「我々」であることも、ごく自然である」と述べている。[26] 性的な人間である喜び（性的な行為は全く別として）は、三位一体の神の似姿の恵みの中での創造の結果であり、それは我々を、神を知ることへと向かわせ、他者へと、友を知ることへと、平等に関係することへと、そして、我々自身から抜け出し、他者との関係性へと向かわせる。だが、それは、我々自身、独自な人格を持った人間としてそうさせるのであり、そこには、性が大きな意味をもつ。黙想的で健康な性の神秘は、三位一体の神学の神秘に全面的に依拠しているのである。ジェームズ・フーストン（James Houston, 1922 - 神学者、スピリチュアル神学）は、このことに関して、「三位一体の神を知ることは、神のように振る舞うことであり、それは、自己を与え、相互依存的で、無限な愛の行為である」と述べている。[27] 男性であることの特質、女性であることの特質は、三位一体的でいつも傍らにいる神の似姿を負う人間にとって、必須のものである。神の芸術的表現のためには、我々は男と女であることが必要であり、このことは、性の生物学や心理学を超えて、我々を霊的なものへと導いていくであろう。

性的な衝動に駆られるように神が計画されたことは、たんに生殖のためだけではない。それは、神を探し、共同体を、そして我々自身の外側を探すことへと人間を向かわせる。同様に、ポール・スティーブンス（Paul Stevens）は、「両方の性が互いに関係していることは、人間を引き合いにだすことによって、神がご自分を示していることに通じる。堕罪によっても、キリストによる贖罪によっても、男と女が一緒になって神の似姿であるという基本的な真実は変わることはない。従って、神の似姿は社会的なリアリティである。真に霊的なものは、人間間の関係である。関係は神に通じる道である」と述べている。(28)

故に、すべての人間は互いに関係の中にあり、よって、喪失が生じたとき、自分自身のあるものが失われたという悲しみを負う。このことは、関係が近いものであるときに、特に真実である。友情は、人間の愛の最高の形として記述されてきた。このことの一つの理由は、性に関する複雑さが関係しないことにある。聖書が描く最も深い友情的な愛は、旧約聖書における、ダビデ王と彼の友人ヨナタンの間に見ることができる。ヨナタンが死んだとき「あなたを思って私は悲しむ。兄弟ヨナタンよ、まことの喜び。女の愛にまさる、おどろくべきあなたの愛を」（サムエル記下1章26節）と嘆き、ダビデは深い悲しみの底に沈んだ。彼の発する言葉は、友の死の悲しみを的確に表している。

我々がその人をよく知らなくても、自分自身の一部が取られたことを感じることができる。この章を書いていたとき、ロビン・ウィリアムズ（Robin Williams, 1951－2014 米国の男優）の悲しい自殺が報じられた。個人的に彼を知っているわけではないが、コメディアンであり俳優としての活動ばかりではなく、彼の双極性うつ病との格闘を知っていただけに、他人事ではなかった。彼の死によって、多くの人の一部分も死んだ。

結婚は、人間が互いに関係の中にあり、また神の似姿であることの顕著な例である。だが、前にも強調したように、神の似姿において結婚は必須ではない。神の似姿を構成するものとして、創世記一章で肯定されたのは、性差であって、結婚ではない。イエスが結婚しなかったことは、そのことを証明する最高の事実であり、性的な結合が人間であるために必須でないことを証ししている。[29] 性的な親密さと結合は、男と女の間での誓約という安全の中で許されるものであり、このことは、神の存在や愛についての別の態様を表している。性的な結合は、誓約の成就であり（「二人は一体となる」創世記2章24節）、両親を離れる永遠の誓約の公的な行為である。グレンツ（Stanley J. Grenz, 1950－ キリスト教神学者、キリスト教倫理）とベル（Roy D. Bell）は、その在り方において異なるが、未婚、既婚のいずれも神の愛を映していると述べている。[30] 未婚であるということは神の愛の包括性を表し、他方、結婚は神の子どもである人間に対する契約的な愛の排他性を表す。「一体」という宣言は、三位一体を彷彿とさせる！　二つ以上のものが一つになる……二人の人間が一つになるということは、真に一つの神が一つであることの現実と同じほどに、神秘的な交わりの一体化である。このことは、あらゆるレベルでの友情と親密さの中にある配偶者を亡くした男あるいは女が味わう、悲しみの深さを説明する際に助けとなる。

そのような訳で、シャロンを失くした時、私の魂の大きな部分が剝ぎ取られたように思ったのは驚くべきことではない。二人は、人間としてあらゆる点で相互に浸透していた。結婚して27年、その前を含めると28年、歴史を共に分かち合ってきた。私の説教をいつも祈りで支え、神の声を聴き分けながら、起伏の多い新しい人生の局面を一緒に歩いて来た。私と一緒に多く笑った。私が転んだりすると、時には大声で笑ったものだ。あまりにも多くの点で、彼女を頼りにしていた。情緒的なことは言うまでもない。生活と牧会の実際的なこと、例えば病院を訪問するときなど、いつ行くか、語る内容のこと、またいつ退室（退席）するかなど……。それは小さいものではあったが、確かに、三位一体をなぞっていた。きらきらと輝いて……。だが、これらのことは、この罪の世界、ガンの世界において、大きな喪失と悲しみをもたらす。私にあっては彼女が亡くなった後に、彼女にあっては死へ向かうその日々において。病気との闘い、そして死との闘いの中で、最も辛かったことは、いかなる化学療法も効果がなく、彼女が緩和病棟に行くしかないと分かったときであった。別の市で学校に行っている息子に電話をかけたとき、私は、ひどいという言葉を通り越したものであったが、娘のハザーに、妻がもはや手立てがないことを告げ、二人がベッドで抱き合って泣いているのを見ることは、私にはあまりにも酷すぎた。それは、シャロンにとって、もっとむごいものであったに違いない。

これらのモデリングの現実から、人間とは何者か、そして、人間はなぜ悲しむのかという問いに関して二つのことを結論づけられるように思われる。最初の結論は、人間は唯一無二のアイデンティティ（irreducible identity）を持っているということである。いかなる悲しみの経験も、他とは同じではない。「あなたがどんなお気持ちか分ります」は、決して真実ではない。それぞれの悲しみは独自であって、その経験の感じ方も同様である。だが第二の結論は、我々は人間相互間における自己として、つまり関係的人間として創られたという事実から、喪失がいかに深く我々に働いたとしても、悲嘆における ショックの要因や悲しみの過程の深さが徐々に取り去られ、再び統合されていくことは、道理にかなっているということである。

愛するシャロンの死から8年経っても、私たちがいかに相互に、かつ、しっかりと関係していたか、私はまだ明確には知ってはいない。彼女の存在を抜きにして、私が誰であるかをほとんど知らなかった。彼女は、多くの点において、私を補ってくれた。彼女は堅固な岩、安定そのものであった。私は三つの国で育ち、数えきれないほどの家で過ごした。主にはスコットランド、ジンバブエ、カナダであるが、ハインツ社の57製品(訳注2)に匹敵するアクセントで話す。多くの文化的背景の人と上手くやっていくことができる。まるでカメレオンのように思われて、時折、自分が誰であるか不思議に思うことがある。シャロンは、このようなアイデンティティについて悩むことはなかった。25歳になるまで、引っ越しをすることなく、スコットランドのプレストウイックの家で育ち、カナダで30年間ほど暮らした後でも、明らかに分かるスコットランド訛りで喋ったものである。彼女は自分が誰であるかを知っていた。時として、彼女の安定感から安定を得、彼女のアイデンティティから私自身のアイデンティティを得た。しかし、彼女はもう帰ることはない。

シャロンは我々の家庭の情緒的な中心であり、私にとっても、情緒的な安らぎ・幸せの中心であった。このことは、単なる健康的な相互依存ではなく、癒着的な相互依存とでも言うべきもので、時として、私が思うに、自分自身のアイデンティティを不適切な方法で曖昧にするようなものであった。彼女も同じように思うのではないだろうか。私は成人してからの大部分を鬱に悩まされてきた。彼女は、他人と違う方法で、私の病に対する闘いに敬意をもって励まし、また私が自己憐憫の中でもがいている時には、他人と違う方法で叱ることができた。私は、真面目すぎるのだ。彼女は、他人と違う方法で、このような私の気性を吹き飛ばしてくれた。シャロンは、他の多くのスコットランド人と同じように、貧困者であろうが、高慢な社長や首相であろうが、同じように接した。彼らは、シャロンにとってはたんに人間――何かが欠けた人間――でしかなかった。私は、著名な人に対する恐れを克服することを彼女から学んだ。しかし、彼女はもう帰ることはない。

誰かを失くすということは、自分自身を失くすことに他ならない。つまり、自分自身の一部を失くすことである。そこからの救いは、その人との交わりが回復した時、特に、キリストとの結びが溢れるように満たされる時に実現する。次の章で述べるように、神の民であること、また交わりの性格が、悲嘆を考える上での手掛かりであると共に、その解決をも与える。

人間が相互関係的であるという考えによって支えられる悲嘆の別の見方は、悲嘆を、認識の過程とみなすことである。このことは、悲嘆がショックからの解凍であるという考えと一致する。ショックからのゆっくりとした解凍としての感情の新しい表現、つまり喪失がもたらす衝撃との、穏やかな和解である。

注釈

1　ヨハネ10章38節、14章10―11節、17章21―26節；Ⅰヨハネ2章24節に、御父と御子は互いにその中に居ると書かれている。他の箇所では、働きについてのペリコレーシスが書かれている（互いの使命については、ヨハネ4章34節、5章30節、38節、8章29節において、互いの話については、ヨハネ3章34節、7章16節、8章26節において書かれている。そして、これらはいずれも完全な愛（3章35節、10章17節）、知ること（10章14節）、互いの栄光（16章14節、17章22節、24節）から流れ出るものである）。この要約について、ジョン・ヴィトヴリート（John Witvliet）に感謝する（Witvliet, "*Doctrine of the Trinity*", 256）。位格としての、御子と聖霊の完全な相互性については、スティーヴン・ウィリアムズ（Stephen Williams）が、「聖霊が御子に降り、御子が分離できない調和と連帯のうちに聖霊を送っていることにおいて、神聖な結合の偉大さを、よりはっきりと知ることが出来る」と、総括している通りである（Williams, "*The Trinity and Other Religions*", 35）。御子と聖霊の間のペリコレーシス的な関係は、ヨハネ14章18節で、昇天の文脈の中でイエスが聖霊の約束をし、その結果、「私は、あなた方をみなし子にはしておかない。あなた方のところへ戻って来る」と語っていることにおいて見ることができる。この後すぐに、イエスは、弟子たちが三位一体のリアリティへの洞察と、三位一体の命への参加に与ることを可能とする、聖霊を送ることについて、「かの日には、私が父の内におり、あなた方が私の内におり、あなた方も私の内にいることが、あなた方に分かる（ヨハネ14章20節）」と、語っている。信じる者の中に聖霊がいることは、御子が彼らの内にいることと等しい（実に、御父も！ 23節）。このように、「私はあなた方の内にいる」が、それは、御子がまず降臨し、聖霊による受肉を通して私たちと一つになることによって、「あなた方が私の内にいる」からである。これらのすべては、永遠の交わりと御父と御子の誓約によってもたらされる。

2　例証的な強みを有するが、人間学的前提にあまりにも依りかかっており、位格を犠牲にして一致を強調する三位一体の心理学的モデルとは対照的である。心理学的類比に対する私の批判については、Edwardsにおける三位一体について書いた、"*The Life of God in Jonathan Edwards*"を参照のこと。そこでも書いたが、三位一体についての社会的理解はカッパドキア教父から、そして、心理学的理解はアウグスティヌスから派生しているという考えは、議論のあるところである。アウグスティヌスは、おそらくカッパドキアと全く一致しているように見える。だが、公平を期して言えば、牧会的なことを意図したアウグスティヌス心理学の類比は、西洋的伝統において広まり、ひいては位格を無視することへと繋がった。三大教会伝統 —— 正教会、カトリック、自由教会 —— における位格と共同体に対する観点と、それぞれにおいて三位一体について、現在、広まっている観点の間の関係に対するMiroslav Volfの考えは価値があり、示唆に富むものである（Volf, "*After Our Likeness*"）。これらのすべての伝統に共通していることは、人間の関係的性質を強調していることである。Ratzingerに代表されるカトリック伝統は、三位一体の人間が、関係内人間としてよりも、関係として（人間としての関係）語る程度の交わり、あるいは関係を強調している。このことは、個人の信仰の強調を弱め、教会の組織的な一致を強調することへと繋がる。社会的三位一体は、昨今、批判されているが（例えば、Holmes, "*Quest for the Trinity*"）、適切に理解するなら、それは、イエスの個人的な啓示で我々が見るところのものと、最もよく合致しているように見える。

3 Plantinga, "*Threeness/Oneness Problem*", 50.

4 McFadyen, "*Trinity and Human Individuality*", 10-18; McFadyen, "Call to Personhood".

5 T. F. Torrance, "*Calvin's Doctrine of Man*", 42.

6 聖的なものと人間の人格の間の関係は、一義的ではなく、類似的である。バルト（Barth）にとって、三位一体の中において、神の子イエス・キリストとしての人間との関係と、人間としてのキリストのすべての人間との関係の結合体は、神と人間との間の適切な類似を表現する（このことに関して、技術的な用語として、「類似的関係（analogia relationis)」が充てられている)。バルトは、「よって、神に応答し、神を反映する者、つまり、神に属する者は、神ご自身のダイナミックな特質のスタンプを帯びることになり、それぞれの者は、私とあなた（神）の関係に入れられる。ここで、私はあなた（神）を暗に含み、ひるがえって、あなた（神）は、私を指すことになる。私とあなた（神）は、たまたま、あるいは偶然ではなく、本質的に「人間」の概念に相応しい者となる（Barth, "*Church Dogmatics III/2*", 248)。三位一体についてのバルトの制限（神を聖的対象とし、人間をあり方とする）にもかかわらず、類似的関係はバルトの人間学において、極めて重要な概念であり、人間の思想に大きな貢献をもたらした。このことは、人間を語るとき、ただその存在を語るのではなく、関係を語らなければならないことを意味する。このことは、バルトが、人間とキリストの神格との間の対応と、人間の愛と神の愛との間の対応が、類似していると見なしていることになる。バルトは、カトリック神学の基礎となっているトマス主義の「存在類比（analogia entis)」よりも、この方を好んでいる。存在と関係は互いに同時であり、存在は人間の存在を構成する関係から分離不能であることを示唆するというパラダイムシフトを示している。バルトは、神性の真髄と位格を混乱することなく、三位一体における神格と人間の人格の間の関係を巧みに証明している。それは、関係の類似であって本質ではなく、神の恵みの中で、最初から最後まで横たわる関係性である。

7 Schwobel, "*Trinitarian Theology*"; Schwobel and Gunton, "*Persons Divine and Human*". F.T. Torrance は、彼の著書、"*Reality and Evangelical Theology*" の中で、神と人間の両方における人格のオンリレーショナル理解の理論について、しっかりと議論している。

8 Wright, "*Doctrine of the Theology*", 259-63.

9 Calvin, "*How Christ is the Mediator*", 12-13.

10 Calvin, "*How Christ is the Mediator*", 12.

11 Wen, "*Monergistic Theme*", 90.

12 Canlis, "*Calvin's Ladder*", 78.

13 神学者であるHendrikus Berkhofは、神と人間の社会的性質の関係において、「人間の命は、結局のところ関係の中にある。我々は、周囲の世界、仲間の人間、仕事、社会的構造、文化、科学、自然との関係の中における、あるいはそれを通した人間である」と述べ、さらにバルトの人間学を反映した方法で、「人間性は、とりもなおさず仲間の人間性である」と述べている（Berkhof, "*Christian Faith*", 344）。

14 多くの引用の中で（Witvliet, "*Doctrine of the Trinity*", 260）、このことは、三つの短い例で十分であろう。ピーター・ヴァン・インワーゲン（Peter Van Inwagen）は「我々が互いにもっている愛は、三位一体の位格が互いにもっている愛の回復された似姿である」と主張している(Van Inwagen, "*They are not Three*", 242)。レスリー・ニュービギン(Lesslie Newbigin)は、「神の三位一体的な理解は、人間存在のゴールとして、コイノニアの幻に相当する」と、主張している（Newbigin, "*Trinity as Public Truth*", 7)。ヴォルフハルト・パネンベルク(Wolthart Pannenberg)は、最もはっきりと、「人間における神の似姿と神の三位一体の命は、実際に、人間の共同体において、そして、特に神の王国共同体において､対応している」と述べている(Pannenberg, "*Anthropology in the Logical Perspective*", 531)。さらに彼は、超教派の論文の中で、「共同体への動きは、神自身の中に存在する交わりの反映である。人間の命の最も深い憧れは、三位一体の命の動力学に応じることである」と書いている（Pannenberg, "*Reconciling Power of the Trinity*", 84)。

15 Barth, "*Church Dogmatics III/2*", 246-47.

16 Moltmann, "*Trinity and the Kingdom*", 19, ix.

17 前記､ 172, ix。

18 Moltmann, "*God in Creation*", 3.

19 Wolthart Pannenberg は、また、人間に対して使用される「人」という用語の意味が、神の中の「人」の明確な表現の文脈の中で、西洋文化の中で得た意味であることを示唆している (Pannenberg, "*Basic Questions*", 228-32)。このことについては、実際には、西洋において受け継がれた東方のカッパドキア教父の発見に負っている。

20 Alan Torrance, "*On Deriving Ought From Is*", 189.

21 前記、193-94、及び Gunton, "*Promise of Trinitarian Theology*", 87-92。

22 Gunton, "*Promise of Trinitarian Theology*", 92.

23 Gunton にとって、特に重要だったのは、Coleridge であった。三位一体の基礎は、彼のいくつかの言葉に見出すことができる（前記、98-100)。

24 Alan Torrance, "*Person in Communion*", 209.

25 O'Donovan, "*Resurrection and the Mortal Order*", 238.

26 Anderson, "*On Being Human*", 73.

27 Houston の Regent College での１９８９年講演より("*Trinitarian Spirituality*")(R. Paul Stevens, "*Disciplines of Hungry Heart*", 73から引用)。

28 Stevens, "*Disciplines of Hungry Heart*", 68, 69.

29 Richard Rohr は、このような形での未婚の修道士の生活について、次のようにコメントしている。「神は、我々が必要な一つのことを見逃すことがないように、あらゆるリスクを取らなければならなかったようである。つまり、我々は、飽くなき欲望によって、自分自身から呼び出され、追い出されさえしているので、自ら必要を満たしているとは決して思わないであろう。我々は不完全で、貧しく、基本的に社交的であることを知ることは非常に重要であり、神は、我々の内に、我々が死んでから10分後まで沈黙しない生命力を創造しなければならなかった、と彼らは我々修練者に語った。」（Rohr, "*An Appetite for Wholeness*", 30)。

30 Grenz and Bell, "*Betrayal of Trust*".

訳者注釈

1 心的現象を分析してそれ以上分割しえない究極的な要素（心的要素）を見出し、かつそれらの要素の結合ないしは連合から心的現象を説明しようとする要素主義の立場に立つ心理学説。

2 世界中どこでも、ハインツ社のケチャップ瓶の口元には、昔から、「Heinz 57」というラベルが貼られている。その意味するところは、謎であるが、当時、ハインツ社が57の製品を製造していたからという説が有力である。

第6章　悲嘆の源と性質　三位一体神学からの洞察——参加すること

参加への橋渡し

三位一体に対して、我々をイメージングあるいはモデリングすることを通して、人間の性質について考え、さらに、我々人間がいかに壊れやすい存在であるかを見てきた。ここで強調したいことは、このモデリングは、三位一体の神の命と愛に参加することによってのみ、可能であるということである。このことは、人間としての我々の性質をさらに明確にし、喪失と悲嘆の問題に対する解決への手掛かりを与える。アリスター・マクファディンは、参加を抜きにしては、壊れた人間の考えは、壊れた人間の教会、町、国において、重苦しいものになる傾向があると強調しているが、まさにその通りである。

完全な人間の共同体のモデルを、堕落した人間の頭の前にぶら下げたとしても、我々に関係の再構築へ向かう力を与え、我々がそれを可能にするすることには繋がらない。それは、人間、関係性、社会の破れを認識させ、罪の意識と失望を与えるだけである。[1]

一方で、マクファディンは「必要なことはモデルではなく、真の関係を作り上げるための対話であり、三位一体の神からの個別化である」と述べているが、おそらく、彼の主張のために、誇張していると思われる。私は、モデルは重要、かつ必要だと考えている。彼は、着想がモデルから来ているとしても、神に似せるということの源泉と力は、恵みによって関係に入れられた人間との、人格的で関係的な神との動的な関係から来ていると強調しようとしているが、そのことは正しい。まず、聖霊によって、キリストへの結びつきへと導く福音の示唆がなければ、モデリングの実行は不可能であり、モデルリングも冷酷なものになるであろう。マクファディンは、「人間の個別的、社会的あり方は、三位一体の神との動的な相互作用によって、適切なものになる」[2]と、本章が取り組もうとしている本質を簡潔に表現しており、このことは、三位一体の神学、愛着理論、心理学における他の関係的な理論の間での関係についての基礎を与えるものである。ヴィトヴリートは「マクファディンが語る神聖な関係は、模範のためのモデルとしてはあまりよくないが、実際に人間が参加に招かれているということに関してはその通りである」、と述べている。[3] この招きと、神の命、神との関係に参加する人間の能力は、際立った恵みの一つである。このことに関して、ブルース・マコーマック（Bruce McCormack, 1952 - 組織神学者）は、カール・バルトの関係類比（analogia relationis）は非常に重要であり、また、それは、アクィナスの存在類比（analogia entis）――正しく理解したとして――とは、思ったほどには乖離していないと書いている。彼は、後者が静的であるのに対して、前者は動的であるが、いずれも神から常に与えられていると主張している。彼は、バルトの思想を考えると、「信仰の類比（analogia fidei）とは、神の行為と人間の行為の間のやりとり――神の自己啓示の行為と、啓示を認めた上での人間の信仰の行為――の関係の最も基本となるものを指す。より具体的には、啓示の出来事で確立した類比は、人間の概念と言葉の中、そしてそれを通しての、神の自分自身の知識と、人間の神についての知識の間の類比である。」と述べている。[4] 従って、人間に隠された神のロゴスとしてのキリストが、我々の知識、経験、神を語る上での唯一のパラダイム（特定の時代や分野において支配的な規範となる「物の見方や捉え方」のこと）となる。だが、あの自己開示の本来的な合理性に謙虚でないなら、キリストに従って神の考えを知ることはできない。

神の似姿を与えたこと、そして我々自身が関係的な人間であることの動的な発見は、恐ろしい贈り物――ここで、「恐ろしい」とは、そこに居ることが当然とされている人の喪失が大きな痛みへと導くからであり、「贈り物」とは、関係の中で楽しむ能力が豊かであり、愛する者を失った時に、我々を抱きしめ悲しみを分かち合う神の民の心遣いと慰めがそこにあるから――である。

我々が対人関係的な性質をもっていること、神の存在の中に我々が存在していることは、死に遭遇した時に慰めをもたらす。事実上、死は、神と死んでいく者との間の関係を壊さず、そのことは、後に残され、喪失と悲しみの中にある者への慰めにもなる。キリスト教福音の不思議さは、神がたんに赦しを与えて、人間を義とするばかりではなく、神自身と結びつけることによって、そのような慰めを与えてくださることである。神の目的は、法医学的な鑑識以前に親子関係にあることである。クリスチャンは、キリストの内にあり、キリストが彼らの内にあるので、「キリスト者」である。このことは、人間の歴史の中で、御子が受肉によって我々と一体となり、その後さらに、我々の魂の歴史の転換点において、聖霊が我々の中に住むようになり、その結びつきが現実のものとなることによって起こった。聖霊が我々に内在し、また対人関係的な人格であることから、キリストも我々の内に住む。我々はキリストの内にあり、キリストは我々の内にある。このことは、全く驚くべきことである。ジョン・タル・マーフリー（Jon Tal Murphree）は、このことについて、「神と人格的に重なりあうように創られたことは、理解を超えている」と述べている。(5)

我々は神と一つにされ、関係性という意味で、安らぎの中にいる。イエスはこのことを、慰めに満ちた言葉で次のように語っている。「かの日には、わたしが父の内におり、あなたがたがわたしの内におり、わたしもあなたがたの内にいることが、あなたがたに分かる。わたしの掟を受け入れ、それを守る人は、わたしを愛する者である。わたしを愛する人は、わたしの父に愛される。わたしもその人を愛して、その人にわたし自身を現す。……わたしを愛する人は、わたしの言葉を守る。わたしの父はその人を愛され、父とわたしとはその人のところに行き、一緒に住む」（ヨハネ14章20〜23節）。

配偶者の死によってもたらされる家庭の喪失は、喪失の最も辛い痛みの一つである。同じ家庭は、決して戻ってこない。だが、聖霊によってキリストの内にいる我々は、いつも究極の家庭――聖餐式のようなものとしてのすべての人の家庭――にいる。聖霊が住むことによって、御父と御子は、すべての信者の心の中に住まわれる。信者は、憐みに富む御父、我々の弱い心に触れる御子、いつも傍にいる慰め主である聖霊である神、三位一体のまさにその心の中で安らぎを得、そのすべての慰めに抱かれる。喪失の現実に遭遇したとき、この世的な家庭の喪失――傍らが空疎になったベッド、食卓の小さくなった輪、沈黙にとって代わられた談笑、情緒の中心の欠乏、失われた腹心の友――を矮小化することなく、癒しへの道は、永遠の父の存在の中に、安心と慰めを見出す。パウロは、亡くなったクリスチャンは、「主と共に住んでいる」と書いている。このことは確かに、残された者にとって、希望と慰めの源である。我々の現在の出来事に対するこの希望を、より現実的なものとするのは、何であろうか。それは、あの愛する者が今住んでいる、天の家庭へ霊的に近づくことである。聖霊が身近にいることによって、我々個々人の中において、そして、神によって集められた者として、我々の間において、そのことは可能となる。

統計的に、信仰をもっている者の方が、喪失や悲嘆に対して、平均的に、より上手に対処していることが示されている。[6]だが、このことで、優越性の証として言いふらしたり、上手に対処できないクリスチャンを責めたりして、真の悲嘆のプロセスをやり過すことがあってはならない。

すべての人に？

このことは、すべての一般の人にとってどのような意味をもつのであろうか。クリスチャンでない人はどうなのか。彼らは善良な個人であり、共同体では互いに関係しあっているではないか。彼らも、悲嘆の中にあって、神の慰めに与ることはできるのであろうか。

人類は、その歴史の始まりにおいて罪を犯した結果、神の似姿を負うことを止めたのではない。堕罪の後に書かれている創世記9章において、神の似姿に創られているが故の人間の命の神聖さが語られている。我々は今もなお神の似姿に創られた被造物であり、神の似姿を負う者として、管理するために与えられた創造に込められた賜物を用いて驚くべきことを成すことができるが、同時に、人間の魂に入り込んだ自己中心と、罪の誘惑の恐るべき破滅へ進むこともできる。罪の中にある自己は、神志向の自己、つまり、神の方向へ向かうのではなく、自分自身の内側へと向かっている（in curvatus in se）。人間は自分の命と、神から頂いた豊かな賜物を、対人関係的な自己である性質を犯すことによって、別個に管理する。似姿としての人間の性質は、常に神からよいものとして与えられた賜物であり、ただたんにそのまま与えられた賜物のような類のものである。クリスチャンであるなしに関わらず、人間は、れっきとした神の似姿をもつ存在である。個別化されてはいるが、他の人間に対して水平的であり、健康的な関係の中で生きており、命、息、存在の受け手として、神とつねに関連している。だが、すべての人間における霊的関係の破壊は、神との関係性（単なる関連性ではなく）の中に生きることを妨げている。

ここで、例を挙げてみる。私は英国にかなりの数の従兄妹をもっているが、実際のところ、彼らの全部を知らない。この数年、訪ねてくれた何人かとは関係（交わり）をもっているが、他の従兄妹とは関連はしているが、積極的な関係（親しい交わり）はない。

三位一体の神との関係性の中にあることは（たんに関連しているのではなく）、我々人間に何をもたらすのでろうか。生まれ変わってキリスト者になり、キリストの働きによって神と和解した人間は――他の者よりも優れている、あるいは、そもそも能力が高い、家柄などがよい、精神的に健康（しばしば逆が真）というような理由ではなく、たんに恵みによって――三位一体の神と実際に生き生きと繫がっている。彼らには破れから復元され、神の似姿へと完全に回復する力が与えられている。キリストに結ばれていることから（新約聖書では、このことを最も重要な前置詞“in Christ”、「キリストの内」と記している）、彼らは義とされ、罪の軛（くびき）から自由にされている。キリストによりその死と復活において結ばれていることから、神と、自分にとって重要な人間はもとより、他の人間との間のより豊かな相互の交わりの中で、あの創造された人間により近づくよう、霊的、情緒的な変容のプロセスへと押し出される。クリスチャンの中に実際に内在しており、教会の交わりの中にキリストを存在させる聖霊の力によって、関係の中にある人間が、生き生きと生きることの意味と癒やしについて、キリスト者は改めて知ることができる。

この変容のプロセスは、簡単で、素早く、容易だと考えてはいけない。このプロセスは、これに反対する悪魔的な力、内在する罪、頑固な防御本能、文化的蠱惑（こわく）との闘いの旅路であり、それは、受け身ではなく、能動的である。神の代理人と我々の代理人は、相乗的というよりは、両立的である。つまり、単なる形式的な神の似姿ではなく、実質的なものとするためには、人間を霊的な生活に連れ戻すための神聖な行為が必要とされるので、人間の行為は真正であることが要求される。言い換えれば、神の構想と行為は、人間の行為の真正さを壊さない。いい意味において、それらは我々の行為を実際に解き放って正確に創造された状態の人間にする。このことは、人間を解き放って、神の似姿として定義される対人関係的な人間へと再び導く。

個人、共同体のいずれにおける霊的な実践も、それが、たんに神との関係性を築くためのスペースを提供するだけだとしても、自発的な気分ではなく、規律を要求する。キリスト者の癒しと聖化のためには、日々の生活は、恵みの聖いリズムの中にあることが必要である。そしてそれは悲しいことに、多くの理由で、「あまり人が通らない道」になっている。今日、他宗教の多くの人、そして時として純粋に世俗的な人の方が、公言した信仰を超えて動こうとしない口先だけのクリスチャンよりも、人格と、似姿を負った品格を輝かせている。

神は世のためにおられ、喪失の只中における神の慰めの手は、すべての人にさし延べられている。神の顔は、神の似姿が最も傷つけられた人間においてさえも輝いている。神は失われた者、それもどん底にある者を探しておられる――どこまでも、死にいたるまで。神との関係にあることが、「すべての慰め主である神」の慰めに近づく手立てを与えるということは真実であるが、神の意図は、愛し求めること、贖うこと、そしてすべての命と和解することである。死んでいく人、あるいは、遺された人を、我々がケアするとき、彼らが起こった出来事に格闘している時でさえも、神が彼らの心に働いておられ、そして我々は聖霊と共に歩いているので、神が彼らになそうとしておられることに、我々は参加しているのだと確信することができるであろう。

教会はこの世的な世界と、しばしば実線で分けられた有界集合（bounded set）と見なされてきた。神の民は聖く、ある意味では、別の太鼓、王国の太鼓で行進していることは、その通りである。この世とは、イデオロギーにおいて分かれている。しかし、この世の人間に関する限り、教会は、深い礼拝、教え、弟子の身分、兄弟的交わりに専心しながらも、常にすべての人、特に危機的な状況にある人、喪失、死などに向き合っている人に対して、積極的なホスピタリティをもって開かれている中心集合（centered set）として、教会を見る方がいいように思う。信じる前に、自分は、神に所属していることを知ることが必要である。死んでいく人、悲しんでいる人に対して、そこに共にいて、ケアをする教会の責務は重大である。この時こそが多くの場合、霊的に開かれている大切な時なのである。それ以前には教会と関わりがなかった人の告別式に、牧師として招かれた時に、特にこのことを感じた。そして、このような家族の中で働く、三位一体の神の参加がどのようなものか、その意味をはっきりと知ることができた。

後に続く章で、我々の苦難に対する神の参加について、苦難の只中における、あのキリストとの結びつきの経験について、そして、偉大な聖的コイノニアの代わって、介護者（友人、カウンセラー、牧師にかかわらず）が、如何にしてコイノニアとして神と共に参加できるかについて、述べることにする。人間を三位一体のモデルとするとき、キリストを通して互いの関係の中に入れられた者として、人間が**対人関係的自己**であるという、神学的、人間学的確信の多くの証拠を得ることができる。このことは、翻って悲嘆の性質とその重さを考える上で、手掛かりをもたらす。

そこで、現代の心理学が、人間の存在をこのように見ているということを、これから確認していくことにする。

注釈

1 McFadyen, "*Trinity and Human Individuality*", 13-14.

2 前記、13-14。

3 Witlvliet, "*Doctrine of the Trinity*", 263. 参加の複雑性については、他で述べてきたので、ここでは、詳細に述べない。実体的 (material) で関係的 (koinonia) 参加のメリットについては、Hastings, "*Life of God in Jonathan Edwards*" の中で書いた。この本の全体から、私が、人間の間、及び、人間と神との間の関係的参加を好んでいることが分かるであろう。

4 McCormack, "*Karl Barth's Critically Realistic Dialectical Theology*", 17.

5 Murphree, "*Trinity and Human Personality*", 48.

6 Sullender, "*Grief and Growth*", chapter 8.

第7章　悲嘆の源と性質――心理学からの洞察

人間が対人関係的であると見なして、大切な関係を失ったときに、「自身の一部を失った」とする、悲嘆の心理学的な説明は当を得ている。ある学派は、悲嘆は、「分離不安（separation anxiety）」であると主張している。つまり、悲嘆は、「喪失の対象に関係する自身の一部の喪失、あるいは喪失の脅威に対する急性の恐れ」として理解できる。[1]この学派の心理学者は、我々が母親の胎を離れたときにすべての者が経験する、原始の分離と関連付けしており、ジョン・ボウルビィ（John Bowlby, 1907 - 1990 英国の医学者、精神科医、精神分析家）は精神分析的なモデルというよりは、動物行動学の観点から、「人間の児童の分離不安は、大人のすべての悲嘆の原型である」と断言している。[2]ハリー・スタック・サリヴァン（Harry Stack Sullivan, 1892 - 1949 米国の精神科医、社会心理学者）の精神分析学の伝統の影響を受けている、牧会学者のダヴィッド・スウィツアー（David Switzer, 1925 - 2015）は、急性の悲嘆反応が、付随して起こる症状の点において、古典的な不安発作と強い類似性をもっており、それ自体が、痛みと不安の激しさを和らげることを利用する防御機構をもっていることを、経験を通して指摘した。

「分離不安」を理解する上ではっきりしている悲嘆の一つの症状は、退行的あるいは子どもじみた行動である。子ども時代の原始的な遺棄の恐れがよみがえり、遺された大人が「幼児のよう」に泣いて抱きついたり、異常にしがみついたり、尋常ではない強い依存的行為を募らせる。

私は、シャロンを失くして2年半の間、新しい関係が生じるまで、自分自身の中にある、このようなしがみつきに気が付かなかった。私自身のこの経験は、今、振り返ると恥ずかしい思いがする。携帯電話のショートメッセージの僅かな遅れが、事態と不釣り合いに不安を掻き立てた。私の心の奥底で、愛する別の人を失う恐れを抱いていたのだと思う。この不安と依存性は、既に書いた通り、私が子どものときに遺棄された経験に深く根ざしていると思う。[3] ボウルビィたちが言うように、このことは、母の胎から離れた時に経験した喪失の中に忍び込んでいたに違いない!

これらの症状に対する解毒剤はあるのか？　悲嘆からの回復が進んでいるよい頃合いに、新しい愛の関係が芽生えれば、それが最上のケアであるかもしれない。だが、新しい配偶者は、関係性の発展の初期段階で、遺された者が、通常もっている依存要求[訳注1]（dependency needs）に対する特別の理解をもつことが大切であろう。この執着した心情に多少いら立つかもしれないが、特別の暖かさと理解を示し、できるだけ近く結びつくことが必要である。このことは、悲しんでいる者に対して時折、率直に話したり、あるいは彼らから強制観念や執着心を引き出してはならないということを意味するものではない。悲しんでいる者が、友人や家族など、親密で支える共同体の一員である場合には、その人たちが、支えている配偶者からプレッシャーを取り除くことができる。サレンダーは「分離不安の最良の解毒剤は人間である」と指摘している。[4] すべての場合、「話して取り出す」は、遺された者の癒しにおいて重要である。より重篤な場合には、共同体において、適切な技術や限界をわきまえた専門的なカウンセラー、あるいは治療士の話による取り出しが必要であるかもしれない。

痛みや現実が手に負えないほどに大きい場合には、拒否、抑制、理想化、同一化などを含む防御機構が働く。それらは、喪失に対して心が対応していく過程で必要な防御であり、ある意味で神からの賜物である。だが、防御機構が厳密に働きすぎたり長すぎたりした場合には、実際には、癒しのプロセスの妨げとなる。[5]

ある意味において、これは、死に際してのショック反応のようなものである。シャロンが死へ向かっていた時、「彼女が死んだときに、ショックを受ける」と、警告されたことを覚えている。彼女は卵巣ガンと21か月間闘い、緩和病棟にほぼ3週間いた。彼女の死の瞬間に対して、心の準備はできていると思うように努めた。だが、私は、全く間違っていた。それがどれほど長かったとしても、どれほど突然であったとしても、どれほど予想されていたとしても、それはショックである。いかに頭の中で分かっていても、死は我々人間のライフサイクルにおいて普通ではない。人間が神の似姿として戴冠を受ける前は、動物にとっては無限の彼方から当たり前のことであった。だが最初の似姿を負う者にとっては、堕罪の結果、霊的な死がもたらされた。神の人間に対する意図は、永遠の存在、つまりこの世において彼らと共にある神の存在を感じながら、神との結びつきにおける永遠の命であり、彼らが神のためにそれを管理することであった。パウロは、死について、イエスの死と復活によって、「滅ぼされるべき最後の敵」であると明言している（Ⅰコリント15章26節）。確かに死は、最後のアダム（最初の意図されたアダム、つまり終末のアダム）であるイエスの復活によって完成し、勝利に飲み込まれるであろう。しかし、このことは、イエスが再臨するまで、最終的には実行されない。その間、今は、王国は来たがまだ完全ではない時代であり、我々は死と闘う。これは、我々にとってショックである。

人間を対人関係として見ることによって支えられる、悲嘆に立ち向かう別の方法は、悲嘆を「認識のプロセス」とみなすことである。このことは、悲嘆がショックからの解凍プロセス――徐々にショックから解凍され、喪失の全打撃を受容することの新しい表現――とする我々の考えと一致する。

心理学分野における対人関係的自己との一致

別の観点から、我々は、愛するために創られたと言うことができる。三位一体が愛として定義されているように、我々は、互いに愛し、愛されるために創られた。愛は、人間存在の土台である。この堕落した世界では、残念なことに、愛は犠牲が大きく、悲嘆は避けることができない。罪の故に、対人相互的な自己は互いに深く傷つけ合うことがある。関係で定義される人間は、死が存在する堕落したこの世において、苦痛を伴う喪失によって大きな打撃を受ける。多くの人は「私の一部が死んだ」

と言う。対人関係的自己という観点から、このことは真実である。

対人関係的自己という考えは、フェアバーンのような学者によって心理学の分野で提唱された。フロイトが治験者の環境にいる者を「客体」とした――例えば、人間を動因の「客体」[訳注2]とし、幼児がこれらの動因の中で成長した――のに対して、フェアバーンは、幼児は動因の満足を求めてはおらず、実際には、真の他者との関係から来る満足をむしろ求めている、つまり、我々は生まれた時から、否、その前から他者から作られていると考えた。

精神分析学の伝統の中で、スリヴァンは対人関係的自己の考えを提唱し、[6]牧会神学者であるスウィツアーは、その考えの基に、成長期にある子どもは、家族や周囲の環境との関係の中で自己を発達させると述べている。彼は、話すことや言葉は相互作用のメカニズムであり、話すことは他者との相互作用の方法であるが、同時に自分が誰であるかをはっきりとさせる手段である考えた。彼は、自己の対人関係的性質を「自己の基礎は、大切な他者の内在化された応答から成っており、個々の自己は、その核心において対人関係的であり、他者に依存しながら起こってくるものである」と、表現している。[7]

このことによって、精神分析的伝統の中で、スウィツアーは、他の多くの学者と共に、実際には、悲嘆が分離不安であるという結論に達した。[8]ルース（Roos）とナイマイヤー（Neimeyer）は、喪失の瞬間が一度限りであるという性質から、死の診断がくだされた時、あるいはそれが実際に起こった時、それは、「比喩的なエデンから追い出された瞬間として記録されたトラウマ」であると強調している。[9]精神分析派というよりは動物行動学派であるボウルビィも、自己の対人関係的な性格を明瞭にしており、悲嘆について同様の考えであり、幼児の分離不安は「すべての大人の悲嘆の原型」であると述べている。[10] 死と関連する恐れは分離による自己の喪失である。このことは、死のショック要因にも当てはまるであろう。

愛する者の死は、「対人関係的自己」の概念に沿って、いかにして受け入れられるであろうか。ジャック・デリダ（Jacques Derrida, 1930 - 2004 仏の哲学者）は、「適切な名前でさえ、死をきっかけとして、その死んだ人ではなく、我々の記憶の中にある、彼または彼女だけを指すように見える」という事実に言及している。「よって、ロラン・バルトと私が言う時、確かに彼の名前を呼び出すが、それは、彼の名前を超えた彼である。だが、彼自身は今やこの呼称にアクセスできず、名前を呼んでも、職業、住所、所属になることはできないため、私が呼ぶのは、私の中の彼であり、呼びかけるのは、私の中の彼、あなたの中の彼、そして我々の中にいる彼に対してである」と述べている。[11] タミー・クルーウェル（Tammy Clewell）は、デリダの哀しみを、「失った愛する人を内在化するが、同時に失った他者は、悲しむ人の心に十分には同化できないことを強調しながら、他者の喪失を肯定的に受け入れる」ものと解説している。[12] 自己の中にある他者は、哀愁を帯びた鬱の形をとって現れるが、デリダは喪の対象者は、彼自身から遺された者が遠ざかっていくことを、「歓待、愛、あるいは友情」のまさにその状態として、「歓迎」していると主張している。[13]

多くの心理学の学派の悲嘆に関する理論から、学ぶべきことがあり、これらのいくつかの伝統の中に、対人関係的自己のテーマを再度見ることができる。このうちの三つについて、簡単に見ていくことにする。

精神分析理論

悲嘆の本質を理解しようとするとき、我々はまずフロイトに根差した精神分析的なアプローチを考える。このアプローチは、意識的のみではなく、無意識的な考えと、人間の行動の動機を含み、フロイトが痛みに対する防御機構とみなした、種々の直観と幻想を強調する。喪と鬱病を特徴づける共通の情動にフロイトは注目した。[14] だが、彼は、鬱病について何が明らかになったのかに、その逆よりも、喪によってより興味を持ったようである。[15] 事実、マルティーヌ・ルシェ（Martine Lussier）は、フロイトの死別の理解の評価において、彼は「夢に関して彼の仕事からでてくるすべてのものに比べると、相対的に喪の通常のモデルに興味はなかった」と示唆している。[16] フロイトが、彼自身の父の死の文脈の中で、「男の人生の中で、最も重要な出来事であり、最も痛切な喪失である」と語っていることは興味深い。[17] ルシェは、母の死はもっと重大ではなかったのかと、問いかけ、そして、フロイトに一致して、父の死は「近親相姦と尊属殺人の両方の白日夢を同時に活性化させる」と説明している。[18]

すべての心理学者が、フロイトが言うところの悲嘆と、その後に続く「回復」——好ましい用語は、

「適応」[19]――に同意しているわけではない。ルース・コニグスバーグ（Ruth Konigsberg）が、タイム誌のよく知られている悲嘆についての記事の中で、[20]一般的に信じられている悲嘆についての多くの通念の誤りを明らかにし、この神話が、フロイトの「喪の作業仮説」に起因しているとした。彼女は悲嘆を、「心理学的な問題を防止するために取り組まなければならない作業」と定義し、「この概念は、『喪の作業』が死んだ者から引き離すためのエゴであり、このことは、誰か他の者へ再度癒着するとしたフロイトまで遡る」とした。この比喩は、1970年代において、「現代悲嘆理論の先導的な比喩」になったと述べ、「ユトレヒト大学のウルフガングとマーガレット・ストローベ（Wolfgang & Margaret Stroebe）の夫婦研究チームによる60人の研究によれば、喪失に向き合うことを避けた寡婦・寡夫、喪の作業を行った寡婦・寡夫のいずれも、同じように落ち込みが少なかった」と続け、さらに「ストローベが、いくつかの研究の中で、配偶者の死について話したり、書いたりすることは、その死に慣れることの助けにはならなかったことを証明した」と指摘した。[21]同様に、ウォーデンは、フロイトの『喪と鬱病』の中で、悲しむことは自然なプロセスで、「細工すべきものではない」を引用して、フロイトは急性の悲嘆を管理することは必要でないと考えていたと解説している。[22]

フロイトの洞察は意味があり、フロイト以降の多くのアプローチが彼に負っているが、一般的に、対象関係論（フェアバーン）や愛着理論（ボウルビィ）のような、心理学について、より関係的なアプローチの方が、特に悲嘆の理解には助けになるように私には思われる。

対象関係論

ダニエル・プライス（Daniel Price）は、カール・バルトの関係類比と、スコットランドの心理学者であるフェアバーンによって発展してきた、人間の発達についての対象関係論との間にある、興味ある関連性を明らかにした。[23] 人間の心理学的理解に関して、フェアバーンは、人間の発達における他者との相互作用が決定的な影響を与えると主張して、フロイトの自己決定論に挑戦している。[24] 関係性において、三位一体の三つの位格と人間の間に類似があるとすれば（モデルと参加による）、もちろん、人間は深く相互依存的でありながらもそれぞれのアイデンティティは確保されていることになる。よって、健康的な人間の出会いと関係が、アイデンティティを失うことに繋がるのではなく、むしろ強められるべきであり、またそれ故に、愛する者の喪失によって、喪者の核心的アイデンティティは、損なわれずに残るべきである。形而上学的及び道徳的理由から、新しい創造のこちら側における人生において、このことは決して達成されることはない。あらゆる意味で一つになった別の人物の死に出会ったとき、悲嘆は避けることができない。他者（死んだ者）によって健康的に形成されてきた自己、さらには不健康なあらゆる依存も失われる。哀惜の過程において、これらを区別することは、重要に思われる。デリダが、人間の死を、自身の人間性の内において、その人に対するよい思いによって表現していることは、この伝統と合致する。

愛着理論

イギリスの精神分析学者であるボウルビィ（1907 - 90）による愛着理論の発展の詳細については、他に譲ることとして、[25]以下では簡単に彼の研究と結論について述べる。両親から引き離されて、遠くの施設に入れられた子どもの行動について、ボウルビィは、反抗、絶望、離反の三つの段階があるとしている。最初の段階において、泣いたり、叫んだり、居なくなった家族、特に母親を探したりして、大きな苦痛を示す。第二段階において、親はもはや戻らないとして、希望を捨てて、次第にひきこもる。最後の離反の段階においては、世話をしてくれる大人（養育者）や同じ境遇の者に心を開くようになり、両親と再度会わされたとしても、喜びを現さず、むしろ無関心である。ある子どもたちは、母親に背を向け、再度関係を結ぶことを拒否する。親から離された子どもたちのこのような行動の原因、目的を理解することを目的として、ボウルビィは、愛着理論のバイブルとされている「愛着と喪失」三巻を書いた（1969, 1973, 1980）。[26]

ボウルビィの著作を簡単にまとめると以下のようになる。[27]

・子どもが家族から離された時の行動を「愛着行為」と呼ぶ。

・この行為は、「愛着対象」と呼ばれている養育者――多くの場合母親――への身体的な接近を育むことを意図している。

・絶え間ない養育者への身体的な接近と、幼児の欲求に対する適切な応答は、幼児のその後の人生において、しっかりとした関係を形成する能力において重大な役割を果たす「安心型愛着」を発達させる。

・これと対照的に、幼児期に不安心型愛着を形成した子どもは、その後の人生において、不安定な関係と闘うことになりやすい。

・ボウルビィは、「愛着行為」は、人間であることの本能的、構造的次元に属するもので、人生の全体にわたって続くとしており、このことは、実験的に、カプラン（Kaplan）、サドック（Sadock）、グレブ（Grebb）によって支持された。[28]

・ボウルビィの同僚であるメアリー・エインスワース（Mary Ainsworth）は、研究室での観察に基づいて、母親から離された幼児について、「安心」、「回避」、「抵抗・両価（ambivalent）」と、少しだけ異なった三つのパターン、スタイルを提案している。[29]

・安心型愛着の幼児は、自分の要求に対して、経験によって養育者が受け入れと応答をしてくれることを期待しており、周囲の世界を探索し、それと関わることに、より自信をもっている。

・養育者がいつも居らず、愛着行為が時折無視され、あるいは拒絶された不安心型愛着の幼児は、養育者の受け入れに安心型愛着と同じような自信を持たない。

- これらの不安心型愛着の幼児のいくらかのパターンは、「不安・両価」（エインスワースの「抵抗・両価」に類似）、または「回避」として名付けられる。
- 「不安・両価」は、愛着対象からの拒絶を恐れており、養育者からの慰めと安心を得ようと一生懸命になる。幼児の愛着システムは、時間と共に活発になる。
- 「回避型」は、拒絶と応答の欠乏に気づいており、拒絶への防御として、愛着の感情と行動を抑える。大人も子どもも、ボウルビィが言うところの「脅迫的自己防衛」を示し、防衛的、自己保身の戦略として、情緒的に距離を取り、親密さを限定的にする。
- エインスワースとの共同研究で、ボウルビィは愛着行為のゴールと愛着対象の分離がもたらす影響に関する彼の理論をさらに深めた。彼の第二巻において、安心型愛着は、この対象の可用性（availability)、接近性（accessibility)、応答性（responsiveness: 慰めと保護を喜んでする）を見定めた上で働きだすとした。彼は可用性が、養育者の接近性と応答性の両方を含むものとして定義し、それが「愛着行為システムのゴール」として用いることができると考えた。
- 愛着対象の可用性の期待は、愛着の関係性の中での実際の経験の結果として形成された自己と他者との「認知的・情動的な枠組みまたは表現（バーソロミュー、シェーバー Bartholomew & Shaver, 1998)」[30] である内部作業モデルの機能である。

・年を重ねるにつれて、内部作業モデルは複雑化していくが、それは一定した流れではなく、愛着の関係（安心型または不安心型）に関してはかなり安定的で、彼らが自省して、変化に抵抗することに留まる傾向がある。

・安心の一つの尺度は、探索への指向である。幼児は、環境を探索する安全基地として愛着対象へ向かう傾向があるとエインスワースは指摘している。(31) ボウルビィは子育ての中心的原理を表す「安全基地」の概念を構築した。

これらのことから、子育ての概念に関する私の中心的な考え――もしも不安や恐れに遭遇したとしても、慰めと安心感、肉体的、精神的な栄養が与えられ、歓迎されて帰ることができる安全基地が、両親によって備えられていることを知っている子どもや若者は、外的な世界に出ていくことができる――にたどり着いた。つまり、この役割は、励ましと、場合によっては助けを求めたときに、いつも可用で応答できるが、明らかに必要なときにだけ積極的に介入する役割である。子どもや若者は、年を重ねるにつれて、基地からより遠くへ冒険し、時間のスパンを広げていく。基地がしっかりしており、呼びかけにすぐ対応できるということに、より自信をもっている者は、それを、より当たり前のこととしている。しかし、もしも親の一方が病気、あるいは死んだとしたら、子ども、若者、青年の精神的な平衡に対する基地の絶大な意義は、直ちに明らかになる。(32)

このことは、人生における愛着対象の喪失は、安全基地を失くして遺されることを意味し、悲嘆の性質が、非平衡の深い感覚であるという考えに我々を導く。ケリーは、C・S・ルイスが愛する妻のジョイを失くした際に語った、「誰も私に教えてくれなかった。悲嘆が恐怖と同じように感じられるとは」という名言を引用し、さらに次のように述べている。

愛着の観点から、悲嘆と恐怖が結びつくことは完全に理解できる。愛着対象からの分離は、大きな不安を誘発し、対象の永遠の喪失はその者を根底から揺さぶり、一時期、恐れと行き場のない感覚へと導く。愛着不安定型の者にとっては、より大きな痛手であり、人生は安全と安心をほとんどもたらさないというそれまでの考えを確認することになる。(33)

探索へ乗り出すための安全基地という考えは、「かえって、乳離れしたみどりごが安らかであるように、私は我が魂を静め、かつ安らかにしました。我が魂は乳離れしたみどりごのように安らかです」とある詩編131の詩人の思いに通じている。この詩編前半部で、発見の旅に乗り出すが、自分の限界を知っており、知識を追求していく上で、傲慢を戒める謙虚さを語る。だが、後半部では、神による魂の安心と満足を述べる。詩人の魂は、母の胸にいる幼子のようである。ここでのイメージは、幼児ではなく、もう少し成長した子どもである。乳離れの過程は辛いことではあるが、一旦乳離れをすると、そこに居て、求めれば応答してくれる愛着対象がいることによる、内的な安心と満足を示す。彼は、これからも養ってくれることを知っているが、探索に必要な自由と個性を与えられている。詩人は、この類比を用いて、愛着対象が神である、成熟した人間の魂を語っている。ケリーは著書「悲嘆」の中で、神に対する愛着の考察と共に、人間の究極的な愛着対象としての神の概念に基づいた、遺族に対する牧会の方法へと展開している。この概念については、後の章で述べる。

私が考える安心型愛着の生きた手本は、シカゴの有名な牧師ビル・ハイベルズ（Bill Hybels, 1951－）であろう。結婚前のカウンセリングとして、彼の妻リン（Lynne）と書いた「結ばれるために」の中で、彼が14歳の時に、父親が2億円のヨットの操縦桿を渡すと、そのまま眠ってしまったことが書かれている。探索するための安全基地を与えられた若者の例そのものである。ビルはやがて父を失くした。悲嘆の不均衡の期間を経たのちに、最終的にシャロームの心を、父なる神の中に見出したということである。

心理学分野におけるショックの解凍因子との一致

心理学のすべての学派は、何らかの形で　愛する人が亡くなったときに起こるショック、その消失の遅さ、喪失の完全な現実的解決の重要性について述べている。例を示して、ルースは心理学者ポール・バーバー（Paul Barber）が経験した[34]、彼の妻アンナの病気診断とその後の病状の進行に関わる喪失の旅について書いている。(35) ルースは、「彼女は、最も輝く彼そのものであり、彼のアイデンティティは彼女と共に織り込まれた」と感動的に記している。アンナはアルツハイマー型認知症と診断された。このようなタイプの喪失は「曖昧喪失」(または、診断時と死亡時に起こる「二重喪失」)と呼ばれているが、この原理は他の喪失についても当てはまる。ルースは「バーバーは、妻の認知症を最初に知ったとき、彼の世界が引き裂かれ、自己崩壊が起こり、また、それは存在の目覚まし時計であったと書いている。以前と同じには決して戻らないことに、彼は、はっきりと気づいた。私の職業的な経験から、ある人自身、そしてその人の人生が、絶えず変化することに気づく人は、バーバーを除いて、通常は遅い」と書いている。ルースは、バーバーが、ショックを素早く感知したことを認めているにも関わらず、喪失に関わる彼のトラウマに注目し、「離されていることよりも、痛みに向かうことを可能ならしめる、ゲシュタルト療法の激しい作業 —— 痛みに集中し、起こっていることに対峙する」について語っている。ルースはバーバーの経験が、「彼の日記にも記されているように物語の混乱 —— 物語の途絶の餌食とならないように決意することの典型的な例、つまり、他者に、そして自分自身にさえも語ることがない喪失の物語」の一つであると総括している。(36)

だが、このような場合でも、ルースは、その終結は遅く、決して終わらないという現実に対して率直である。彼女は、部分的な終結について、「終結の圧力がしばしばある場合、その人の喪失があいまいな場合でさえも、失われた人との結合に対する放棄の圧力について、現場の視点から(メルニック〔Melnick〕、ルース、2007)、断片的終結、及び喪失の多くの点での終結は、新しい理解、視点のずれ、哲学的成長、新しい生活の経験、意味の属性に応じて周期的に起こり得る」と語っている。[37] いくぶん現実的な観点から、その闘いが長いことについて、「自身と世界を学び直すことは、通常、辛いことであり、しばしば、耐えがたいほどである。残された人生のすべてにわたって、このことについて考えていくことは有益であろう。喪失に対する終結（伝統的には完成、デカセクシス、または、解決として定義）は、ほとんど有益ではない。その上、多くの益は、思いもかけずに、人生を変える喪失の結果としての悲しみを伴う」とし、さらに「ゲシュタルト理論を保持しながら、喪失の分離や、隔離、閉じ込めを避けることは可能であり、このことは、人生が広がり、豊かになり、より霊的になるという意味において有益である」と続けている。[38]

完全な終結は、幻想であることを維持しつつ、ルースは喪失の旅路に関する合理的な期待について、次のように述べている。

反発力は、失くしたものを心の奥底から十分に知り、泣いたり、痛むというような調整的な反応が、抑制されることなく普通に行われるときに回復される。また、このことは、証人を得る、記憶を保持する、喪失した人との葛藤の癒しまたは再構築、喪失について自分自身の理解の統合、非終結の緊張から生じるエネルギーをプラスへ導く、人生を肯定的に求める、思いやりと共感に対する確度の向上、苦難の文脈の中で人生をより深く受け入れていくことを含む。[39]

終結へ向けて悲嘆を解決することは困難であるとの理解が、暗示するところは、鬱症のような同様の症状をしばしば示す「複雑な悲嘆」の可能性があるということである。複雑な悲嘆が、DSM−5[訳注3]のカテゴリに含まれるかどうかについては、様々な議論がある。[40]種々の方法でショックの解凍過程を回避する、あるいは、悲嘆によって生じたトラウマが地下へ潜り込むといった「隠された悲嘆」もあり得る。デール・ラーソン（Dale Larson, 1949 – 米国心理学者）は、彼の悲嘆の治療に関する総説の中で、この種の悲嘆について、次のように書いている。

グリーフワーク仮説に関する私の意見は、情的な治療、プラス効果、そして否定さえもが、健康的な自己調整において、すべて重要な役割を演じており、他を犠牲として一つを賞賛されるべきではない（Larson & Hoyt, 2007）。いくつかの自己隠蔽に関する研究にもあるように、思春期の若者が苦難を隠したり、死んだ子どもとの継続した絆を認めたがらない親に関する、バルク（Balk）の考察は、非常に興味深い。[41]

このような複雑で隠された悲嘆は、人間の自己の対人関係的な性質、そして失った愛する者を軽視した結果である。

注釈

1 Sullender, "*Grief and Growth*", 28.
2 Bowlby, "*Attachment and Loss*", Vol. 2, 16.
3 Bowlby の生涯に渡った、共同研究者との研究は、6か月から6歳の間に起こった母と子どもの結びつきの壊れが、不安、落ち込み、人格の形成の妨げの原因になっている証拠を示した（Bowlby, "*Making and Breaking of Affectional Bonds*", 45）。
4 Sullender, "*Grief and Growth*", 30.
5 Sullender, "*Grief and Growth*", 27-28.
6 Sullivan, "*The Interpersonal Theory of Psychiatry*"、及び "*The Collected Works of Harry Stack Sullivan*", Vol. 1,2 を参照のこと。Freud の衝動、動因、コンプレックス（エディプスなどの）についての考えは、今日、全く主流ではないが、心の「精神内」力学の理解において、継続する遺産を残しており、彼に続く者たちが人間の関係的理解へ進む上での出発点になっている（例えば、Heinz Kohut, Sullivan）。
7 Switzer, "*Dynamics of Grief*", 83.
8 Sullender は、「悲嘆における分離不安の重要性は、現在では、学者と著者の間で広く認められている」と述べている（Sullender, "*Grief and Growth*", 28）。
9 Roos and Neimeyer, "*Reauthoring the Self*", 94.
10 Bowlby, "*Attachment and Loss*", Vol. 2, 16.

11 Derrida, "*Work of Mourning*"; Brault、Naas 訳、編者による序文、10。
12 前記、46.
13 Clewell, "*Mourning Beyond Melancholia*", 188.
14 Freud, "*Mourning and Melancholia*", 239-60.
15 神経精神医学における経験的な知見は、Freud が超心理学で提案した原理と一致しているとした、研究グループによる 2008 年の出版物によって、Freud の鬱に関する仕事は、精神病専門家の間で、現在も高く評価されている（Carhart-Harris et al., "*Mourning and Melancholia, Revised*"）。
16 Lussier, "*Mourning and Melancholia*", 668。この論文は、Freud の哀しみの概念——内側（彼自身の悲嘆の経験）と外側（彼の思想を作りあげることに学問的に影響を与えた）——の基礎を検討する時、助けになる。
17 Lussier, "*Mourning and Melancholia*", 668 (Freud, "*The Interpretation of Dreams*" (1900), xxvi から引用)。
18 Lussier, "*Mourning and Melancholia*", 668.
19 Worden, "*Grief Counseling*", xiv.
20 Ruth Davis Konigsberg, "*New Ways to think about Grief*", TIME, January 29, 2011, 1-4. http://content.time.com/time/magazine/article/0,917,2042372-1,00.html。この記事は、彼女の著書に採用されている（"*The Truth About Grief: The Myth of Its Five Stages and the New Science of Loss*" (New York: Simon & Schuster, 2011)）。
21 Ruth Davis Konigsberg, "*New Ways to think about Grief*", 2; M.S. Strobe, R.O. Hansson, H. Schut, and W. Strobe (eds.)，"*Handbook of Bereavement Research and Practice*".
22 Worden, "*Grief Counseling*", 83.
23 Price, "*Karle Barth's Anthropology*".
24 前記、及び Price, "*Issues Related to Human Nature*", 170-80 を参照のこと。その中で、Price は次のようにコメン

トしている。「対象関係において、自己同一性は、複雑な社会的相互作用の歴史の中においてのみ発達する。子どもは社会的な基盤の中で生まれ、自己も同様に発達する。バルトにとって、知ることと存在することの社会係数は、言うまでもなく、神学的な基盤をもつ。バルトの神学的見地からは、人間の人格の社会的基盤は、三位一体の神の関係的な特質を反映したものである。神は、神自身との関係にある存在であり、三位一体の枠内にだけいるのではなく、内在的な三位一体の中にもいる。すなわち、神は三位一体であるふり、三位一体になるふり、我々をたんに救うふりをしているのではない。実際に、神は、永遠に三位一体の共同体である。このことは、ニカイア信条の基本的な信条である。」

25 短いが適切な理論の要約、及び、主な支持者やキリスト教神学と統合させた人々については、Kelley, "Grief", 54-59 を参照のこと。また、愛着理論の適切な要約と、結婚、関係については、Sue Johnson, "*Hold Me Tight*" を参照のこと。

26 すべての引用については、参考文献を参照のこと。Bowlby の "*Making and Breaking of Affectional Bonds*" も参考になる。

27 Kelley, "*Grief*", 55-56.

28 Kaplan et al., "*Kaplan and Sadock's Synopsis of Psychiatry*".

29 Ainsworth et al., "*Patterns of Attachment*".

30 Bartholomew and Shaver, "*Methods of Assessing Adult Attachment*", 25.

31 Ainsworth et al., "*Patterns of Attachment*", 265.

32 Bowlby, "*A Secure Base: Parent-Child Attachment*", 11.

33 Kelley, "*Grief*", 58-59.

34 Barber, "*Becoming a Practitioner Researcher*".

35 Roos, "*Chronic Sorrow and Ambiguous Loss*".

36 Roos, "*Chronic Sorrow and Ambiguous Loss*", 230-31.

37 前記、230.

38 前記。

39 前記。Melnick and Roos, "*The Myth of Closure*", Gestalt Review 11.2 (2007), 90-107.

40 Larson, "*Taking Stock*". これは、Kenneth J. Doka and Amy S. Tucci, ed., "*Beyond Kubler-Ross: New Perspectives on Death, Dying, and Grief*", Washington, DC: Hospice Foundation of America, 2001. に関する総説である。

訳者注釈

1 心理学用語で、それには養育、愛情、惰性、避難、庇護、安らぎ、食物、思いやりなどが含まれる。

2 Drive（動因）とは、欲求の原因になる力、人を行動に駆り立てる力を意味する心理学用語。

3 DSMとは、米国精神医学会が発行している、Diagnostic and Statistical Manual of Mental Disorders（精神疾患の診断・統計マニュアル）の略で、5は、第5版を示す。

第8章　適応へ向けて——脱構築における三位一体の神との悲嘆の共有

私は、ユージン・ピーターソン（Eugene Peterson）が引用する、エリオットの「我々に、気にかけること、気にかけないことを教え給え[訳注1]」に沿って、「第一次の関係」なくしては、最適のケアは提供できないと主張したい。深い意味に根差すことがないなら、ケアの意図はその意図に沿うが、多くの場合、道を外れてしまう。

——ジェームズ・ホルムランド（James Holmlund）博士、精神科医[1]

神との悲嘆の共有（神への愛着）

本書の中心的課題は、神と遺族の間での悲嘆の共有のリアリティである。苦難と悲嘆の只中で、キリストを通して、苦しみの世界へと降りてきた三位一体の神は、我々を、神の命と愛の中へと引き入れる。神は、それを分かち合い、担い、そして慰めを与える。この世において、我々が、最も弱く、壊れている時にこそ、見える形、見えない形で、それを贖う。今、この時、我々にしっかりと寄り添って、将来における復活の究極の希望——新しい創造——を与える。

もちろん、このような神学的な話をする場合、タイミングが大切なことは言うまでもない。喪失に関わる感情を避けるため、否定のメカニズムとしての希望の神学を用いて、自分自身または他者の悲嘆のプロセスを回避しようとする人に対して、ノイハウスは、「永遠に続く哀しみのベンチに座っている人には、勝利のトランペットは、空しいベルのままである」と述べている。(2)

このことの典型的な出来事が、シャロンの死後、およそ3か月後に、私にも起こった。私の教会の善意に満ちた紳士が、礼拝後に、我々がしばしば使う、「感謝なことに、素晴らしいです!」という型通りの返答を期待して、私に尋ねた。私は、良い日も悪い日も、うまく過ごしていると答えた。すぐに彼は、「彼女とは、また会えるからね!」と、返してきた。その時、少なからず怒りがこみ上げてきたが、幸いにも、かろうじて止めることができた。気づまりのとき、どのように言ったらよいか分からずに、この種のことを口に出すことが多い。「私には、そのようなことに出会ったことがないので、あなたの痛みがどれほどのものか想像することしかできません。お祈りしています」というようなものが、よりよい返答であったかもしれない。

また、(気まずくなるので)悲しみに配慮をしない、人生を祝う陽気な葬儀も問題である。彼らは、「罪、堕落、裁きの怒りの日(ディエス・イラエ Dies Irae)」を回避している。ノイハウスは、以下のように述べている。

多くのクリスチャンは、不死の魂が天国を浮遊しているというプラトンの考え、あるいは仏教徒の死に対する非現実性さえも受け入れている。彼らは、「死？　大したことではない」という態度である。だが、自分自身の死、愛する者の死は、実際に大問題である。そのような人に対して、大したことではない、そのうちに乗り越えられる、明日はよくなるなどと、言ってはならない。パウロによれば、死は「最後の敵」である（Ⅰコリント15章26節）。信頼できる唯一の慰めは、慰めと最も離れた側にある慰めである。(3)

よって、私は、死と悲嘆の不思議さを、単純化あるいは勝利主義的に矮小化するものではない。エリザベス・キューブラー＝ロスは、悲嘆を5段階に分けているが、悲しむ人が、悲嘆の中で何をしているかに慣れる機会を与える上で助けになり、このことを還元主義的に用いることができる（例えば、彼らがどの段階にあるかを、はっきりと知ることができる）。(4) よりよいアプローチは、よく分からない中では、何かを行ったり、終了させるために、何とかしなければと思うのではなく、寡黙して、そこに参加し、嘆くことを勧める。ノイハウスは、「嘆く時があり、踊る時がある」つまり、「嘆く時があるのは当然」だとする伝道の書での伝道者の言葉を引用している。(5) さらに、「悲しみを断固とした肯定的復活の希望で置き換えることをしないで、踊ることに急ぎ、また疑問に対する理解の時間を与える

ことなく、安易な答えを与えようとする現在の葬儀のやり方に疑問を呈してもよいのではないか」と書いている。(6)

だが、神学を確認し、悲嘆の贖罪的な目的を探すべき時が到来しており、また、これまでを振り返る時に、変容が始まっていることに気づくであろう。喪失や悲嘆を罰とみなすべきだとは決して思わない（極めて例外的にはⅠコリント11章とヤコブ5章）。また、苦難と変容の間に単純な因果関係があるということでもなく、それ以上に、不思議なものである。むしろ、苦難（喪失、悲嘆を含む）と霊的な成長との間の関係 —— それは、旧約、新約において確認されている —— に注意を向けるべきである。我々は、成長の機会を失うことがないようにする責任がある。ノイハウスは「最悪は悲しみや喪失、失望ではない。次に悪いことは死に遭遇することであり、遭遇によって変えられることではない。悪いことは、体験を乗り越える薬があるにもかかわらず、体験を通り過ぎることをせずに、そこでうろうろすることである」と書いている。(7)

神学、霊、変容について語る場合には、悲嘆の共有のリアリティが、極めて重要な主題となるであろう。

三位一体の神との結合（愛着）

神の同情と慰めの注ぎ（脱構築における急性的段階における悲嘆）

悲嘆の共有という概念は、聖書が一般的には苦難――特に悲嘆――を肯定しており、神がそのことに介入していることから、何を置いても重要である。神は、キリストにおいて、聖霊によって、苦難を共有して同情を注ぎ、それによって悲嘆の贖いの業を始める。贖いは段階的である。神は、あらゆる喪失の急性的な悲嘆において、直ちに駆けつける（急性の落ち込みに対する支えのカウンセリング）。時間の経過と共に、ショックの賜物が解凍するにつれ、神は、我々が機能できるよう、十分な解決を与えるための作業を始める。時間の経過と共に、我々の中に人格が作られる（鬱の患者が安定化するときの、より深い、プロービング〔探査〕・カウンセリングに相当する）。そして、我々が受けた慰めによって、他者を慰めることが可能とされる。

神の国は到来したが、まだ完全でないこの世において、現実主義が必要とされる。苦痛、喪失、傷ついた自己の完全な癒しは、復活のときまで待たなければならない。だが、たとえ曖昧で、不完全なものであったとしても、神が我々の悲嘆を共有するので安心することができる（「確かに、彼が担ったのは我々の病、彼が負ったのは我々の痛みであった〔イザヤ書53章4節〕」）

イエスを信じる者は皆、聖霊の内在によって――ペリコレーシス（相互内在性）――、つまり、一つがいれば他も同様にいるという、他者における三位一体の相互内在によって、御子の存在に与っており、父が御子の中におり、御子の中に父がいるので、父と御子と共に、今、住んでいる。このことは、今、まさに事実であり、我々は三位一体の内的ペリコレーシスの命へと、いつも引き入れられている。

このリアリティの中に入ることに、経験的に困難さを感じている時でさえも、聖霊の内在によって、我々はそこにいる。我々が清められると、愛する者も今、清められているので、我々は、「主のもとに住み」（IIコリント5章8節）、「いつまでも主のもとにいる」（Iテサロニケ4章17節）ことになり、三位一体の内的な命の中で、永遠に養われるであろう。私の経験では、愛する者を失った者は悲しみの中で、特に近く、主のもとへと引き寄せられる。

ヘブライ人への手紙の主要なテーマは、我々の大祭司であり、神の子イエスの同情に溢れた牧会である。人となることによって、イエスは、人間が感じるように感じることができる資質が与えられた。神の右の座についた仲保者として、イエスの永遠の命によって、今も、イエスが感じ、ケアをしてくださっているので、我々は安心することができる。ヘブライ人への手紙の著者は、注意深くキリストの肩書を用いている。4章14～16節において、この著者はキリストの牧者としての働きを同情者、「時宜にかなって」（このことは、喪失の時を含む）憐みと恵みを与えることができるお方として説明しており、そのまえがきとして、「従って、我々には、天から降りてこられた大祭司、神の子イエスが与えられているのですから、我々の公に言い表している信仰をしっかりと保とうではありませんか」と記している。この二つの名前の並置は、示唆に富むもので、注目に値する。彼は、イエスであり、人であり、我々の弱さに同情できるお方である（15節）。この書簡の第2章は、人となり、生き、我々の代わりに死んだ、真に人としての代表であるイエスを、鮮やかに描き出している。第5章には、福音書に記されなかったこと、つまり、人間の痛みに連帯して生きていくとき、人間の罪――その結果としての死――の代償として、自身が受ける苦悩の予測の中で、イエスが涙を流し激しく泣いたことが記されている。我々と一つになったこの人イエスは、泣かれたのである。生まれ変わりによって、我々を一つに結び合わせたこの人は、我々の喪失と悲嘆の中で我々と一緒に泣かれる。試練と喪失の中を歩いているとき、我々は、決して一人ではないのだ。

だが、イエスはたんに人ではない！　この書簡には、「神の子」と書かれており、強さを与えることができるだけではなく、同情ができるお方である。この第1章において、イエスが事実、神、つまり、三位一体において、人となるようにあらかじめ定められ、しかもその王座が永遠であることの揺るぎない証拠が示されている（8節）。イエスは天における父の前で、人として我々を代表し、我々の願いに応え、しかも永遠に、父と完全に結ばれて、交わりの中におられる。同情と強さをもって、谷を越えて我々を運び、悲しみの旅路の中で、我々を変容せしめる。我々は、仲保者キリストによって始められ、可能とされた祈りを通して、神のこの同情、強さに近づくことができる（「だから、憐みを受け、大胆に恵みの座に近づこうではないか！」）。この後に続く実践で、このことをさらに展開することにする。

私は、牧師として病院のベッドの傍らで、同情と強さを分けていただきたいと、どれほど多く、望んだことであろうか。私にとって、同情は比較的容易に起こる。私が恐らく神経過敏症なので、容易に――おそらくは容易すぎるほどに――その事態とその人の感情に入ってしまう（もっと異なっていればよかったのに！）。だが、強さが欲しいと、しばしば思う。神の癒し、神からの励ましができれば……。私ができる唯一の慰めは、私の祈りと時宜に適った聖書箇所の朗読を通して、神の力と同情が与えられるようにと、聖霊の導きの中で祈り、イエスの名前に頼ることであった。私は、確かに癒しを求めて祈るが、同時にその祈りに係わりなく、その人の旅路が強からんことを祈る。シャロンの癒しを求めた私の祈りに、神は答えなかったように思われるのは何故かと、私はしばしば思った。そして分かったことは、苦難を上手にやり過す誰かによって――シャロンのように――癒しよりも、多くの栄光を、神に、そして多くの恵みの影響を人にもたらすことだということであった。

私は、日々、死への旅路を歩く幼いニコラスを忘れることはないであろう。白血病と闘っている金髪の可愛い3歳のニコラス、彼の母シャーロットと父アラン・メリック、そして彼の兄姉に、心からの同情を禁じ得ない。バンクーバー・チルドレンズ・ホスピタルの小さな病室で、この家族と共に、この旅路を歩く牧師として、私は、これまでになかったほどに懸命に祈った。ある日、このようなことがあってよいのかと、怒りのようなものを覚えながら、ベッドの脇に跪いて彼の額に手を置き、懸命に、奇跡を起こしてくださいと叫んで神に祈った。癒しは起こらなかった。翌日、彼は死んだ。だが、勇敢にそして優しさをもってこのような喪失に耐えてきた両親に、強さが臨んだ。そして、牧会生活において最も困難な告別式を執り行わねばならない私に対しても。それは、平和と神の究極の勝利に包まれたものであった。私は、そのような死——こんなにも幼い子どもの死——の重さを感じた。それは、思いもかけないものであった。私は、キリストがアランとシャーロットと共にそこに居り、共に泣いておられるのを知ったのだ。その日の彼らの様子から、その後の日々の悲しみの旅路において、イエスの強さは明らかであった。牧師として何もできない私が唯一、存在価値があったのは、彼らが慰め主キリストと「第一次の関係性」をもっていたからである。彼らは、深い意味をその土台にしていた。

人は如何にしたら首尾よく死に、愛する者を失くしたとき、悲しみの旅路を、如何にしたら首尾よく歩けるか。この問いに関する答えは、究極的には、同情と強さをもつキリストに結ばれて、励ますことにある。それは、すべての人間の運命として苦しむか、あるいは迫害の中にあるクリスチャンとして苦しむかにかかわらず、我々はキリストの参加のもとに（つまりコイノニア）苦しんでいるというリアリティによって、励ますことである。このことによって、より親密にキリストを知ることになる。このことが、フィリピ3章10–11節における、「私は、キリストとその復活の力とを知り、その苦しみに与って（コイノニアン）、その死の姿にあやかりながら、何とかして死者の中から復活に達したいのです」が、意味するところである。パウロにとって苦しみとは、人間の人生とクリスチャンの人生において、常に存在するリアリティであり、キリストを知ることは、苦しみの中で、キリストの存在を知ることであった。我々は励ましによって、そして、ご自身のペリコレーシスの命へと招き入れる、三位一体の神との交わりを高めるための実践によって、それがどのようなものであれ、自分自身、そして他者が首尾よく嘆き、苦しみを受けることができるようにされている。この実践については、この後に続く章で述べることにする。

メリサ・ケリーは、このことについて、神に愛着することを人に勧める。愛着理論を進めている彼女とそのグループは、人間の他の人間に対する愛着と、神に対する愛着との間にある並行関係を示唆した。[8] 彼女は神に対する愛着が、両親あるいは支持者に対する愛着に対応し、彼らの愛着が不十分であった場合には、その補償であるとしている。[9] 神への愛着が、単純に、主要な愛する人に対する愛着と似通っているということは、愛着理論が広く知れ渡るかなり以前にジェームズ・フーストンが唱えた概念である。彼の著書、『神との友情（Transforming Friendship）』において、祈りは神との友情であり、人間は一般に関係をもつ技術が下手なので、祈ることが難しいと主張している。このことは、一見、常識と反しているかのように見えるが、神との親密さは、最も親しい友人や配偶者との親密さによって測ることができるというリアリティを反映したものである。[10] だが、人間が祈りを始めると——それは、神との関係的な親密な交わりに過ぎないのであるが——、彼らの人間的な関係は変質する。神の恵みによって、我々の関係性における技術と結合は向上する。親と上手く結合ができていなかった人間は、それでもキリストと天の父との深い結合を見出し、それは、親や他の愛する者たちとの破れた結合を繕う可能性をもたらすであろう。親密な友人を、死や離婚で失ったとしても、早晩、持ち直し、それを超えることができる。

ケリーは、我々の悲しみ、我々の破れにおいて、我々を抱き、様々な方法で我々を完全なものへと導く神の働きを、動く神の慰めとして記述している。彼女の本は、神、すなわち「芸術の巨匠が、我々の人生の中でいつも働いており、愛の中に、破れから希望をもたらす。そして、それらはすべてよい」と、肯定的に締め括っている。(11)

この神との愛着あるいは交わりが、いかにして祈りの生活を通して可能とされるのか、そして、悲嘆の只中においてさえも再構築と変容を可能とするのか、次章において、探索を進めていきたい。

注釈

1　e-mail による（August 13, 2014）。

2　Neuhaus, "*Eternal Pity*", 22.

3　前記。同様に、愛する者が死んだ時、愛着の喪失の補償とする、Mellisa Kelley の神への愛着の章に応えて、Scott Sullender は、否定の危険性について警告している（Sullender, "*Grief's Multi-dimensional Nature*"）。具体的に、彼は「助けにはなるが、このアプローチは危険である。喪失の場面で、素朴な牧師が、哀しむ人が神に近づけるように助けようと努力することは、否定の形として、あるいは悲嘆の生の感情の回避の形として、機能するかもしれない」と書いている（前記、114）。

4　Neuhaus, "*Eternal Pity*", 3.

5　前記。

6　前記、3-4.

7　前記、4.

8　彼女は、Lee Kirkpatrick の"*Attachment and Religious Representation and Attachment*"と"*Attachment, Evolution, and the Psychology of Religion*"に、特に注目している。

9　Kelley, "*Grief*", 62.

10　Houston, "*Transforming Friendship*". 兄弟姉妹あるいは隣人を愛することと、神を愛することは互いに関係し、相互に働いているとするIヨハネに沿っている（「神を愛している」と言いながら、兄弟を憎む者がいれば、それは偽り者です。目に見える兄弟を愛さない者は、目に見えない神を愛することができません。Iヨハネ4章20節）。

11　Kelley, "*Grief*", 141.

訳者注釈

1　原文は、Teach us to care and not to care（T. S. Elliot）（ケアすることと、ケアしないでもよいことを教え給え）。

第9章　適応へ向けて――再構築における三位一体の神との悲嘆の共有

三位一体の神との結合（愛着）

強さと性格の形成（悲嘆が長引いた段階における再構築）

私の悲嘆の旅路の急性段階において、家庭を失ったという感覚は、深いものであったが、神の恵みによって、希望を失うことはなかった。この希望は、礼拝の賛美歌を聞いているとき、二つの場面で経験した幻によって強められた。一つは、静かな礼拝において、小羊の前にひれ伏して礼拝しているシャロンについてのものであった。もう一つは、私が天の国に到着した時、彼女がそのドアの前で、いつものように「お帰りなさい」と言って、手を広げて立っているものであった。イエスは、彼女のすぐ後ろに立っていた。もちろん私は、真っ先にイエスとイエスの栄光に近づくべきであろう。だが、イエスは、あたかもシャロンにまず私を歓迎させようとしているかのようであった。

このことは、私に二つのイメージを想起させた。一つは、ダイアナ妃が長い留守の後、ロイヤル・ヨット・ブリタニアの上で彼女の二人の幼い少年と会っている、シャロンのお気に入りの切り抜きの絵であった。王妃は、跪いて腕を前に伸ばし、子どもたちは、その腕に向かって走っていた。この絵は、私の子どもたちがまだ幼いころ、不在から戻ってきたときのことを思い出させた。私が車で帰宅すると、シャロンはドアまでやってきて、マーティンとハザーを、まず走らせたものである。彼女は、子どもたちが父親の腕の中に飛び込むのを見ることを先ず楽しんだあと、私に抱きついた。私が見たまぼろしは、両手を広げて私を抱きしめるシャロンであった。私は、家に戻ってきたのだ。

比喩としてのホームは、神との愛着を育み、神との親近さを見出し実行することに繋がり、それは、慰めと強さをもたらし、そして、さらには神の贖いが我々に働くような変化へと導くであろう。我々は愛する人の逝去を「ホームに戻る」というように考えることが多く、このことのよい例を聖書に見出すことができる。パウロは、結果として死は、彼自身が――キリストを知りながら死んだすべての人にとっても――主のホームに住むことであるということを、はっきりと述べている（IIコリント5章8節）。だが、たとえ究極的には、十全な死の経験を得るまで待たなければならないとしても、地上の命においてさえも、三位一体の神の中において、我々のホームを見つけるができるというところに本当の意味がある。新約聖書で神は、たまたま「父」と呼ばれているのではない。子、あるいは家族とする比喩は、神の人間性を記述する上で大切なものである。我々のホームを神の中に見出すこの動力学が、ここでの霊的な主題である。

例えば、イエスを愛する者、つまり、聖霊をもつ者について言えば、ヨハネ14章23節で、「私の父はその人を愛され、父と私とはその人のところに行き、一緒に住む」と書かれており、ペトロも、神の本性に与るのは、神になることではなく、神の命に関係的に入り、そのことを経験することだと述べている（Ⅱペトロ1章4節）。

キリストに対する信仰は、放蕩息子の譬え（ルカ15章11節以下）の通り、ホームへ帰るということである。つま先立ちで待って、手を広げて、走り寄って抱きしめる父のもとへと息子は戻ってきた。我々は、神の王国をキリストと共に相続を許された神の子どもである。この最初の出来事は、ホームに戻った生活、もっと十全に、もっと深く、三位一体の神の愛をいただく生活へと続いていく。パウロは、このプロセスをエフェソ3章14―21節において、優れた祈りで描いている。

こういうわけで、わたしは御父の前にひざまずいて祈ります。御父から、天と地にあるすべての家族がその名を与えられています。どうか、御父が、その豊かな栄光に従い、その霊により、力をもってあなたがたの内なる人を強めて、信仰によってあなたがたの心の内にキリストを住まわせ、あなたがたを愛に根ざし、愛にしっかりと立つ者としてくださるように。また、あなたがたがすべての聖なる者たちと共に、キリストの愛の広さ、長さ、高さ、深さがどれほどであるかを理解し、人の知識をはるかに超えるこの愛を知るようになり、そしてついには、神の満ちあふれる豊かさのすべてにあずかり、それによって満たされるように。わたしたちの内に働く御力によって、わたしたちが求めたり、思ったりすることすべてを、はるかに超えてかなえることのおできになる方に、教会により、また、キリスト・イエスによって、栄光が世々限りなくありますように、アーメン。

この祈りの中に、三位一体の人格の共同参加（共内在性あるいはペリコレーシス）の素晴らしいセンス——御父に対する祈りの中で、聖霊が我々を強め、我々の心の中でキリストの存在を促進し、最終的には一体となった三位一体の神——を見る。だが同時に、これらの人格は、それぞれがはっきりとしていることも見ることができる。

このことは、イエスご自身が弟子たちに、祈る時には、「我らの父よ……」と、祈るように教えている通りである。ここでは、特に、御父に祈ることが勧められている。だが、父という言葉は、たんに教えとしてではなく、尊い親近感を表すものとして、我々に紹介されたのである。イエスはいつも彼の父に祈ったが、それは神がそうであったし、今もそうだからである。「イエス・キリストが神の御子であり、神がイエス・キリストの父であり、そうであるからこそ、神は父である」と、カール・バルトが指摘している通りである。(1) 我々は、神を「父」と呼ぶが、イエスと結ばれることによって、「子」とされているからである。バルトはさらに、「我々が自由に神を父と呼ぶことができるのは、イエスが神に向かう時、神をそう呼んだし、また今もそうであるということに、完全な根拠がある」と語っている。(2) 彼はまた、「祈祷において（バルトにとって、クリスチャンにおいて基本的な典礼法規)、「父よ」という呼びかけによって、神を呼び出すことを勧めており、このことは、彼らがそれに値するかどうかに関わりなく、ただイエス・キリストによって、また、聖霊を通して、父としての神への祈祷へと入れられたが故にそうするのである」としている。[3] 従って、我々クリスチャンは、恵みによってそうするという意識なしには、父に祈ることは決してできない。それ故に、我々は、教会として、伝道という意識、つまり、「アッバ」というあの関係性へと他者を招き入れることに責任をもっている予言的少数者という意識をもって祈るべきである。

神が父であるという、この最も恵みに満ちた中心的な聖書の啓示こそが、悲嘆からの長期的な癒しと再構築において、決定的に重要である。この父という称号が、我々の命のあらゆる局面における神の摂理の前提となるが、それはまた、人間の姉妹、兄弟として最大の渇望と心からの願いに答える偉大な優しさの名辞である。我々は、神の抱擁を請い求めている。神に向かって走ることができ、そして、我々が失くし、求めてやまない愛を御父の中に見出すことができる。このことが分かるためには、深い掘り下げが必要である。我々は、神の事柄に関して、つまり霊性、あるいは霊的な巡礼の旅路において、いつも幼子である。ここで、三位一体の神に対するシエナのカタリナの祈り――深淵よ、永遠におられる三位一体の神よ、深い海よ。あなたはあなたご自身の贈り物以上に私に何を与えることができたでしょうか――は、[4] とても参考になるであろう。

悲嘆の只中にあって、変容するためには、変容に固執してはならない。変容することにこだわると、どうしても人間中心的、自己中心的になってしまう。変容は、神に固執し、神の愛の深い海の中に自分を沈め、神の神聖な愛に参加しているときに、自分では気づかずに起こるものである。あの神聖な三位一体の神――それぞれは、「他のために」そして「他へ向かう」――の中に、我々の場所がある。傷ついた人間は、驚くべき恵みによって親密の輪の中に運び込まれる。それは、人間が神に参加できるようにと、人間に参加するキリストの中に、我々がいるからである。想像を絶するご自身の苦難を経たイエスは、そこで得た深い同情をもって、すべての重荷と悲しみと一緒に我々を抱き上げて、御父のもとへと我々を引いてくださる。

悲しむ人に対して、神における深い命へ入るように――準備ができていれば――との招きは、一見冷淡に見えるかもしれないが、パウロのこの祈りに現わされた偉大なリアリティの真髄を探求していくことにする。この祈りは、すべての点において、神との交わりへ導くもので、恵みに満ち溢れるものである。このことは、三位一体の神ご自身によって、可能とされる。神が我々の中で祈っているので、我々も、ただ祈ることができる。残念なことに、クリスチャンは、救いを信仰によるものとして、また祈りと霊性を行いによるものとして考えている。事実、神に対して心を広げて向かい合うときに、神は、我々が祈ることができるようにしてくださる。我々は祈るが、それは、ただ、神が祈っているからである。神の祈りと、我々の祈りは両立しているが、これは神が祈り、我々も祈るという、非対称両立主義のようなものである。

この恵みに満ちた最初の三つの請願の祈り ―― 悲嘆と苦難を落ち着かせてくださる神への巡礼を記述している ―― は、皆、同類である。測りがたい愛の体験によって、神の満ち溢れる豊かさへと運ばれるために、パウロは、実現した内在のキリストに対して、御父がそれぞれのクリスチャンの内的存在を強めるようにと、聖霊によって祈る。御父を呼び求めることが、三位一体の三つの位格すべての行動へと繋がることに注意を払う必要がある。三位一体のそれぞれの位格は、最終的には一体化して同じになる。

人間の内側における場所は、「内なる人」（そこへ沁み込んでいく）、つまり心であり（知と情と想像が座る席）、第3、第4の句において、同じである。聖霊の強化とその結果としてのキリストの内在は、聖霊の内在がキリストの内在を付与するものであることにおいて、同じ経験を指している。ローマ8章9–10節に書かれているように、聖霊は、キリストの聖霊である（信じていない者を除いて）。このことは、イエスがヨハネ14章15–18節で「あなたがたは、私を愛しているならば、私の掟を守る。私は父にお願いしよう。父は別の弁護者を遣わして、永遠にあなたがたと一緒にいるようにしてくださる。この方は、真理の霊である。世は、この霊を見ようとも知ろうともしないので、受け入れることができない。しかし、あなたがたはこの霊を知っている。この霊があなたがたと共におり、これからも、あなたがたの内にいるからである。私は、あなたがたをみなしごにはしておかない。あなたがたのところに戻って来る」と述べているように、真理である。このことは、神格の一つの位格の存在と属性が他の位格の存在によって存在させられるという、三位一体の神学者が、ペリコレーシス（相互内在）、あるいはコインヒーレンス（相互浸透）と呼んできたことのリアリティを反映したものである。ここで、御父の呼びかけは、内なる人の中にある御父の強める存在によって、信じる者の心へキリストの存在を取り次ぐ聖霊を生み出す。実際、聖霊の内在は、御子ばかりではなく、御父の存在も伝えることをイエスはヨハネ14章20－23節において示した（「かの日には、わたしが父の内におり、あなたがたがわたしの内におり、わたしもあなたがたの内にいることが、あなたがたに分かる。……イエスはこう答えて言われた。『わたしを愛する人は、わたしの言葉を守る。わたしの父はその人を愛され、父とわたしとはその人のところに行き、一緒に住む。』」）。御子は、御父なしでは存在し得ない。事実（そして、このことは西洋の三位一体主義の見解である）、聖霊は、御父の御子に対する、そして御子の御父に対する相互的な愛である。聖霊は、神の愛を我々の心に注ぐが（ローマ5章5節）、その愛は、御子に対する御父の愛である。

従って、祈りを含む礼拝は、ジェームス・B・トーランス（James B. Torrance, 1923－2003 組織神学者、聖書学者）が述べているように、「受肉した御子の御父との交わりにおける、聖霊を通して参加する贈り物」となる。(5) このことは、「父はこのように礼拝する者を求めておられる」と、ヨハネ4章23節に書かれているように、我々によって始められたものではない。祈りは、受肉したイエスの執り成しに対する応答であり、身代わりとなられたイエスの命の礼拝に入ることである。トーランスは、祈りを「キリストの礼拝に対する典礼的なアーメン」だとしている。[6] 従って、受肉化した三位一体的な祈りであり、聖霊の業(わざ)によって、この応答に入る。「我々はどう祈るべきかを知りませんが、霊自らが言葉に言い表せないうめきをもって、執り成ししてくださるからです」(ローマ8章26節、8章34節、ヘブライ7章25節)とあるように、**聖霊論的な祈り**である。トーランスは、さらに以下のように続けている。

祈りに至る最初の現実的なステップは、我々がどのようにして祈るのか、実際に誰も知らないということを認めることである。しかし、我々が神に願うと、誰かが我々のために、我々と共に、我々の内にいることに気づく。その人は祈りについて教え、祈りにモチベーションを与え、平安な心で主に祈ることを教える。イエスは、我々の祈り――内容が乏しく、身勝手で、不明瞭なものであるが――を受け入れ、それらを清め、「素晴らしい交換」によってイエスの祈りとし、愛する子どもとして、「アッバ、父よ」と、御父のもとへとささげてくださる。[7]

多くの悲嘆の中にある人がそうであるように、力が弱く、疲れが大きい時に、沈思的な祈り――神と共にある祈り、聖霊に依り頼む祈り、神に寄りかかる祈り、神に訴えるよりも聞く祈り、願うよりも応える祈り――により近づきやすい。自分の努力で祈る時、恵みの流れから外れて、律法的、空虚、形式的、自分中心的なものになる。祈りと礼拝についてのこの動的理解は、祈り、礼拝するときに（悲しんでいる時も同様に）、いつも新しい質の経験に集中することへと向かわせる。神は、我々をご自身との交わりのために創られたが、それは、いわば予約販売のようなものであり、よって、罪と弱さと共にありながらも、神との交わりが可能となる。神は祈りを、恵みの贈りものとして我々にくださった。贈りものは、我々が行動を始める前に既にある。もしもそうでないとしたら、祈りは、我々が創られた目的を満たすための、恵みがない試みになるであろう。礼拝と祈りは、恵み深い三位一体の神からの贈りもの以外の何ものでもなく、我々は、それを神にお返しするのである。我々の祈りは、御父がお受けできるように、御子と聖霊によって聖別される。

故に、三位一体は、祈りのまぎれもない礎石、恵みの礎石である。三位一体の神の恵みの豊かさに従って、我々は祈る。神は我々のところへ恵みをもって降りてこられたが、この恵みを通して、礼拝と祈りにおいて神の元へと引き上げられる。祈りは、御子が御父と共にもつ交わりの内にある。それは、神の「外側」で起こるようなものではない。神との真の交わり、ご自身の内にある神との交わりである。

この祈りの中で、「住まわせ」とあることに、特に注目したい。パウロは、聖霊によって内在のキリストを既に知っているクリスチャンに語っている。同じ動詞が、ご自身の宮として、神が人々の中に住むという2章22節で使用されている。ここで、「住む」という動詞は二つのニュアンスを含むが、ここでは、一時的に住むというよりは、住み心地よく永遠に住むというニュアンスのものである。あなたの心を「住処」とする、と訳すことができる。このことは、神が住む神殿の設計に関わる、旧約聖書に根ざしている。[8] 第二には、この動詞がアオリストの時制をとっていることであり、このことは重要である。アオリスト時制は、キリスト教の講解では誤用されているが、「危機は決して繰り返されない」を暗示しているのではなく、起こる――繰り返して起こることも含む――出来事を示す単なる「点」時制である。このことはある意味、ここにおいて、驚くべき時制ではない（通常、パウロは出来事をこのように記しているので）。彼は、キリストが内在するという明確な行為を指しているのであり、ただ一度だけの不可思議な経験を指しているのではない。

ここでパウロはこの内在について、特に我々の中にイエスが形づくられることについて――このことは何度も何度も起こる――、イエスを意味上の主語として考えていることを指摘しておきたい。このことは、我々の「心」の中で起こるものであり、パウロがガラテヤ書簡で「キリストがあなたがたの内に形づくられるまで」と書いている通りである。すべてのクリスチャンの内にキリストは住んでいるが、内在が感じられる特別の時があり、また、キリストが我々の心に住む度合を増加させる霊的な形成には、実際に感じようが感じまいが、出来事がある。すべてのクリスチャンはキリストと結ばれているが、すべてのクリスチャンがあらゆる瞬間にキリストとの同じ程度の交わりをもっているわけではない。新鮮なキリストとの出会いがあるように、キリストの形成が彼らの心に起こるように、そしていつもそのことを求めていて欲しいと、パウロは祈っているように思われる。我々を弱く、そして柔らかくする悲嘆と苦難の時こそが、まさにこの祈りの中に我々が入っていく時ということであろう。

この内在が含意するところは、心の中においてキリストの働きが、誰にも邪魔されないということである。言い換えれば、キリストは主人として治めるために来るのである。我々の人生のある時期において、魂が激しく働くときがあり、まさにこのことをパウロは祈っている。我々の内において、イエスの存在と主権に新鮮な心で気づくとき、まだ閉じ込められている苦痛と苦闘の場において、イエスの存在を受け入れて、イエスの優しい繕いと癒しを受け入れることができるようになる。ハンドリー・ムール（Handley Moule, 1841 – 1920）司教は、クリスチャンの人生のいかなる段階においても、この新鮮な気づき――キリストの新しい到来[9]――を我々の内に必要としており、「霊的な世界においては、その場所ごとのイメージは常にしなやかであり、到来が待たれているお方の永遠の存在を思うことにおいて、それらは同じである」と述べている。[10]

パウロは、彼らの魂の主であり、王であり、彼らを愛するお方――まず顕現して清め、次に癒してくださる――である救い主が住んでくださることの、より深くより明らかな意味を、御父が聖徒たちに与えるようにと祈る。祈りが愛に根ざすときに、聖徒たちの心は「不思議な暖かさ」で満たされるであろう。

私の説教者としての人生において、多くの家庭にお招きいただいた。ある家では、冷蔵庫やテレビ室も自由に使わせていただき、自分の家にいるように思った。別の家では、何一つ触ることもできず、早々に自分の家のベッドに退却した。パウロの祈りは、救い主が我々の内にあって、自由にくつろいで欲しいというものである。宣教師の子どもとして多くの国を旅しそこに住んだが、ホームとは何か、しばしば考えたものである。正直に言えば、そのホームという経験に根付くことができず、このことを考えることは苦痛であった。アンゴラからスコットランド（両親はいつもそこを「ホーム」と言っている）、アンゴラ、ザンビアの寄宿舎、再びスコットランド、ジンバブエ、南アフリカ、キングストン（オンタリオ）、ダラス（テキサス）、再びスコットランド、イングランド、カナダ（再びキングストン、そしてバーナビー、ポート・コクイットラム、モントリオール、ホワイト・ロック、そしてバンクーバー）と、いつも動いていた。7歳から9歳までのスコットランドが最も幸せな時であり、今でも私はスコットランドを自分のホームと思っている。

しかしこのことは、実際よりもロマンティックな観念である。2004年、神学博士号を取得した後のことであるが、スコットランドの国境にあるガラシールという町でラグビーの試合を見ていた。群衆の大騒ぎの中で（ガリー・アームストロングとドディー・ワイアーという二人のスコットランド・ラグビー界におけるレジェンドの引退試合であった）、農場の匂いが競技場へ漂ってきたとき、ホームの概念が私の頭をよぎった。なぜ、ここでホームが感じられたのだろうか。おそらく、カナダに戻ると、シャロンと子どもたちにスコットランドで住むように告げねばならないと思ったからであろう。だが、シャロンがおそらく「あなたは、あなたの道を進みなさい！」と言うことを私は知っていた。いずれにしても、我々の子どもはカナダ人なのだ。この時、私の内で、「ロスよ、私がお前のホームである」という神の霊の声を聞いた。深い感動が私を襲った。

突然、涙を流しながら私は立ち上がった。一緒に来ていた友人は、私が引退する選手たちに涙していたと思ったかもしれない。そうではない、もっと深いのだ！　キリストの存在と愛を、私の心の内に感じたのだ。パウロがエフェソの信徒への手紙3章で述べたことは、このような瞬間の一つであったに違いない。経験は、人としての私の根なし草的性格——傍にいる人にとってはしばしば落ち着きがないこととして現れる（私の哀れな妻に聞け！）——に対して、ある種の癒しをもたらしてくれる。

優美にされた参加的な祈りは、神のあらゆる慰めに出会い、そしてそれを受け取るためには、欠かすことができない。この後に続く章で、共同体的な性質、つまり教会、そしてより一般的には人間共同体における、他の霊的な実践についてまず述べ、その後で、個人的な実践について考えていきたい。だがその前に、より知的なレベルにおける神義論——形而上学的、道徳的な悪の出来事の存在に照らして　神の善性の弁護——を見ていくことにする。結局のところ、「なぜ？」、「神はどこにいたか？」、そして「どこに居るか？」は、悲嘆の中にある大部分の人が心に抱く疑問である。

注釈

1 この段落における"*Church Dogmatics*"のセクションへの参照は、"*Karl Barth on the Lord's Prayer*", Donald K. McKim, in Saliers (ed.), "*Prayer: Barth*", 118-20）と題したエッセイで引用されている。
2 Barth, "*The Christian Life, CD IV/4*", Lecture Fragments, 65.
3 前記、100.
4 Catherine of Siena, "*The Dialogue*", dialogue 167.
5 Torrance, "*Worship, Community*", 20.
6 前記、14.
7 前記、45-46.
8 Eadie, "*Community on the Epistle of Paul to the Ephesians*", 247.
9 Moule, "*Studies in Ephesians*", 97.
10 前記。

第10章　適応へ向けて――苦しむ神の神義論

人間の悲嘆を共有する神については、つまるところ神義論に行き着く。他の多くの本が、世の中と人間の人生における悪と苦難を説明する神義論について詳しく述べている。[1] 三位一体の神が万物を創造されたとき、被造物からご自身を区別して（つまり、被造物は創造主からある種の「形而上学的に」切り離されて）創造された。[2] 創造の業は神の存在の延長ではなく、神の意志の産物である。言い換えれば、神は自由に創造されたのである。創造は必ずしも必要ではなかったが、このことは、神ご自身の内的命を永遠に示す溢れるばかりの愛と美の無限の豊かさの奔出である。受肉前の御子が、創造の実施者として（ヨハネ1章3節、コロサイ1章16節、ヘブライ1章2―3節）、被造物を神から形而上学的に距離を保つことを確実にし、それと同時に、あらゆる瞬間における、神の関係的な近さと宇宙に対する約束を保障した。それによって、すべての創られたものは、神に依存しながらも、それらの存在において（条件付きの存在ではあるが）、自由と、それぞれの運命にある程度関与することが許された。

このことは、神義論の重要な要素であり、創造は、受肉の前における、神の側におけるケノーシス的な行為である。受肉と復活の将来的な状況を考慮すると、これら両者は、古いものから新しいものの形成において、神の永遠の目的に適ったものであった。科学者であり神学者であるジョン・ポーキングホーンは、「自由な被造物の存在は、完全に振舞う自動人形によって占められた世界よりも、より大きな善である」とする一方、「この善は、死と苦難の代償を伴う」と述べている。[3] このことからさらに彼は、旧い創造から新しい創造への変容、つまり神の創造の第二段階 —— ゼロからの創造（ex nihilo：エクス・ニヒロー）ではなく、キリストによる贖いと和解による旧いものからの創造（ex vetere：エクス・ヴェーテレ）—— を語っている。

なぜ、このような方法なのか。この旧いものからの創造の目的は何か。答えは、部分的には、先に語った自由にあり、そのような自由の結果である。別の答えは、神の摂理において、完全な自動人形を作るというよりは、むしろ条件付きの宇宙を贖う神として、神のより多くの恵みと栄光が現わされるという事実の中にある。この堕落した人間の中に、悲嘆をよく知っている「悲しみの人」の受肉を通して入ることによって、さらに大きな栄光が神にもたらされる。

よって、堕落にも拘わらない創造と、人間に対する神の深い関わりは、その和解と贖いのために、創造 —— 特にその頂点である神の似姿としての人間の創造 —— で苦悩する神のキリスト教福音の不思議なリアリティである。受肉とキリストの人間性 —— 堕落した被造物が新しくされ、創造が再肯定される身代わりとなった —— が、ここにおいて決定的に重要である。神に見捨てられた堕落したすべての被造物の苦しみを受けたキリストの十字架が、この中心である。人間ばかりではなく、宇宙全体の和解と贖いのために、全き自由の中で、キリストにある神は、我々の代わりとなって苦しまれたのである(コロサイ1章19–20節)。このような議論は、すべての人を納得させることができないかもしれない。だが、三位一体の神が、我々のために悲嘆を共有するという考えは、私が進む方向において、大いに有効である。

神の善良性について、ある種の感覚をもつことは、広い意味でよいことである。だが、愛する人が死ぬ、あるいは異常な事故で殺されたとき、神が善であることを信じることができるであろうか。たとえ粗末な仮定の話だとしても、このことは、個人としての神義論をもつことである。個人的な悲劇に遭遇した時、なぜ、どうして自分の子どもが、どうして私が、と問うのは当然であろう。悲嘆にくれる人をケアする際に、「神は今どこにいるか?」という意味の質問は避けることができない。安易な答えは避けるべきであるが、そのような人はキリスト教の世界にも多い。妻のタミーは、緩和ケアにいる彼女の夫を通して、神が彼の友人ワレンを信仰へと導き、彼がキリストの中に永遠の命の確信を得たことを知って慰めを得た。だが、このことをもって、子どもたちから離され、彼らの卒業、運転免許取得の喜び、結婚、孫など見ることもなく、カルロスが若くして命を取られたことの結論にはならない。

コーネリアス・プランティンガの著書の題目『このようなことが、あなたが意図したことなのですか？』は、[4]まさに神義論を語るに相応しい。人間は創られてまもなく、自由を、神とは関係なく使用した。人間は堕落し、被造物も人間と共に堕落した。キリストは、人間の原型であり代表である最後のアダムとして、神と和解させるために、この堕落した人間と被造物の中にやって来た。そしてご自身の死によって、苦しみと死を打ち砕き、死の問題を解決した（ヘブライ2章14節、コロサイ2章14－15節）。その結果、キリストを信じ、キリストと一つにされた者は、誰でも皆、死の恐れがもたらす奴隷の状態から自由にされる。

死は打ち砕かれ、最終的な勝利であったはずなのに、戦いはまだ終わっていない。パウロは、死を「滅ぼされるべき最後の敵」と呼んでいるが、キリストが再来し、新しい創造——そこでは、もはや死がない——が完成されるまで続き、従って、涙や、不思議なこと、喪失、悲劇が絶えることはない。その日が来ると、キリストがご自身の死と復活で完成したこと、「死の死」が最終的に発効し、「目の涙はことごとく拭い取られる」（黙示録21章4節）。この二つ時間の間、涙を避けることはできない。カルロスが死ぬことを許されたのは、ワレンの人生における贖いの瞬間を含んでいるのかもしれないが、その理由のほとんどは、現在ある我々の知識では測ることができない。チャールズ・ティンドリー（Charles Albert Tindley, 1851－1933）によって作られ、エルビス・プレスリーによって広まった、古い賛美歌の感傷「少しずつ分かっていくでしょう」は、使い古されたフレーズだが、真実である。

シャロンの病気と最終的な死において、私は、「なぜ私に？」と問いかけることはあまりなかった

──少なくとも、彼女の病気の間、そして死の直後においては。ガンで亡くなった多くの教会員を見送ったが、ほとんどの場合、私に起こったのは、「なぜ私ではないのか？」という問いであった。なぜ、私は他の人たちのように苦しまなくてもいいのか？　苦しんでいる人から超然とする、あるいは、このことは、自分ではなく他人に起こることとして信仰を閉ざすことは可能である。私の人生の初期において、このようなある種の高慢な感情を持ったことがあることを白状する。だが、愛する者の病気と死の悲惨な状況の只中で、私の中で働くキリストの恵みによって、私は新しくされて、人間性の中に迎え入れられた。「人間性の中へお帰りなさい。」これは、私が鬱に恥じ入っていた時に、精神科医が、まさに私にかけた言葉であった。私は典型的な学問世界に属する人間──多くの場合、関係性と距離を置き、感情的な問題にはぎこちない人間──であった。鬱病とその処置は、私が人間性の中に入る上で助けとなった。シャロンの死は、ぼろぼろに壊れやすい人間性の中へと、深遠な方法で私を導き入れたのである。

集中治療室の看護師として働いていた間、シャロンは多くの人の死を見てきたが、彼女も、「なぜ私なの？」と聞くことはなかった。彼女の態度は、キリストと一緒に去っていくという希望、先に亡くなった愛する父の記憶、そして看護師として深く沁み込んだリアリズムが結び合わされたものであったが、神の王国が「今だが、未だ」という段階にある、この堕落した世界においては、人間は病を得、事故に会い、そして死ぬ。自分の運命を他者の運命と比べることは、自身が向かい合っている悲嘆と苦しみを避ける方法ではなく、ものごとをより広く、バランスよく見渡す見解をもたらすものである。アフリカで育った私は、貧困、蔓延する病気、苦難を見てきた。豊かな西洋での死は、世界の三分の二の人には知られない方法で、麻酔がかけられ消毒されている。

「なぜ?」と尋ねる人たちを非難しているのではない。旧約聖書の詩編は、抗議、疑い、嘆きで溢れている。これら詩編は、「なぜ?」――時には、怒りに満ちて――と尋ねるほどに神との関係がリアルな、神の民の祈りの記録である。私の悲嘆の日々は、「怒りの段階」があったかどうかは別として、確かにこのようなものであった。それらの日々は、「このようなことが、あなたが意図したことなのですか?」という瞬間を多く含んでいた。二人の子どもは、シャロンの死後一年以内に卒業した。息子のマーティンは、大学を卒業したその日、墓地で母の墓まで長い道を歩いたので、長い間、彼の母がそこにいてさえくれたらと、心の底から思いながら、息子を見ていた。シャロンは、彼を育て、彼の中に喜びを見出し、彼のほとんどのラグビー試合を私と共に観戦し、歓声を上げたものであった。シャロンは、ここにいるべきであった。同じように、娘のハザーは卒業の日、松葉杖によりかかりながら壇上を歩いた(車の事故でくるぶしを骨折していたので)。松葉杖は、娘が既に負っている悲しい状況を、さらに目に見える形ではっきりと示すかのようであった。その数年後の彼女の結婚式で、バージンロードを歩く間中、私は涙が止まらなかった。母親がいたとしても、父親にとっては感情的な出来事なのに……。彼女がいないことは、胸を刺すような痛みであった。シャロンは、ここにいるべきであった。「このようなことが、あなたが意図したことなのですか？」

数年間、このような悲嘆の日々は続いた。彼女の死後、およそ4年経った頃、マーティンは、車の事故でほとんど母を失くそうとし、本人も大怪我をしたカムループス・ブレーザーズ・ホッケーチームの選手についての物語を書いたが、これは州と国からジャーナリスト賞を貰い、放送された。マーティンは、この選手に、隣に座っている母親がどうであったか尋ねたところ、彼女の怪我はひどく、もう駄目なように思われたと答えた。真のプロのように、マーティンは、自分の母が実際にどのように死んだかについては、インタビューでは話さなかった。このことを知っている者にとっては、このインタビューは、実に感動的なものであった。タミーと私は、バーナビーでの受賞ディナーに招待されたが、驚いたことに、私たちは「Who's Who」という番組のキャスターと、州のジャーナリストの只中に置かれていた。50人ほどの人数であったが、マーティンの受賞の時がやってきて、彼は5分間のスピーチを見事にやり遂げたが、最後を、「私の父と父の妻のタミーに感謝します。そして、この賞を私の母親にささげたいと思います」と締め括った。私は、大粒の涙で泣いた。その後、彼が私の横に座った。私は彼に腕をまわし、どれほど誇りに思っているか伝え、そして二人で泣いた。そうだ、シャロンも、確かにそこに居たのだ！

シャロンが死んで以降、自分の子どもたちを見ることによって、何か変化が私の内に始まった。彼らがとてつもない喪失の情にあることを思う時、私自身の感情を映し出していたに違いない。彼らが挑戦を必要とする困難な状況にいるときに、この思いは特に募った。私はすぐに怒ったが、それは必ずしも合理的なものではなかった。そのようなとき、時として大声で、シャロンに、「お前はどこにいるの、今、お前が必要なんだ。どうして家族を置いて行ってしまったんだ?」と叫んだ。

これらのすべてのことは、贖いのリアリティの中で何を意味するだろうか。「このようなことが、あなたが意図したことなのですか?」という問いかけは、このようなことがすべて起こる、あるいは起こるであろう日があることを暗示している。信仰において、確かに復活の希望と新しい創造が、この世の命の中で我々が経験する悲嘆に意味を与えるであろうと信じる。前の章で、この人生の中で、悲しみと痛みの中で、我々に対する神の存在について述べたので、このテーマについて、ここでは多くを語らない。だが、神が我々と悲嘆を共有するという神義論の二つの側面が、今、ここである種の慰めを提供する。

苦難がもたらす練達

一番目の側面は、苦難がもたらす練達を通して、我々の内に神がもたらす変容である。創造することを選んだ神の配剤において、神が被造物の中に入り、それらと共に、そしてそれらのために苦しみ、そして、その故に、可能な限り最善の方法で栄光を得るにちがいないということを学び、また、苦難を通して贖い主としての役割を完結した神の子（ヘブライ5章8―10節）の配剤において、人間も苦しむということを学ぶ。そして、苦難の必ずしも無駄のない大義ではなかったが、神は、ご自身が創った人間の命において、性格を形づくり、キリストに似せることに、その事を用いた。キリストの苦難と連帯することによって、我々は、キリストの死の姿にあやかる（フィリピ3章10節）。つまり、我々の内において、御父に完全にささげる姿勢と、神の意志への服従を生み出すことができる。

このことに関して、二点、指摘する必要がある。

（1）このことは、神がサディスティックであり、我々がマゾヒスティックであることを意味しない。悪によって引き起こされる苦難は、直接的に神の意志ではない。神の寛大な愛において、また、慎み深い恵みによって、それを永遠に贖うことを計画しておられる。我々は、完全な贖いを待たねばならない堕落した世界に住んでおり、それ故に、我々の人生において苦難は起こる。我々は、贖いを捜しに行くのではない。それがやって来たとき、それに向かう正しい導き、神へ向かう導きによって、善いものになる。

このことから、二番目のポイントは、（2）我々の悲嘆と苦難が実を結ぶためには、神、その結実、そして我々の練達の目的に対する準備と姿勢が必要とされていることである。ヘブライ12章11節において、愛する御父の息子と娘の形成における、苦しい時間の役割についての文脈の中で、著者は、「およそ鍛錬というものは、当座は喜ばしいものではなく、悲しいもの」であると、強いリアリティをもって書いている。文脈は、苦難が、我々を正しい方向へと向かわせ、作り変えていく役割を担っていることを示している。

著者は続けて、だが「後になると、それで鍛え上げられた人々に、義という平和に満ちた実をむすばせるのです」と述べて、これらの経験は豊かな多くのものを産み出すと、我々を励ます。このような喪失と悲しみの過程において、目にすることができない方法で、我々は変えられているのである。特に、愛する者の死は、永遠についてのリアリティと短い命に対する我々の感受性を高め、ひいては、神が与えている自分自身の残りの人生を、新しくささげていくことへと繋がっていくであろう。そのことはまた、我々が身を低くして謙虚になるなら、尋常ではない方法で、事実、我々のところへキリストが来てくださることになる。この節が、「それで鍛え上げられた人々」を条件として、「義という平和」という恵みが、我々の人生の中で産み出されることで結ばれていることに注目したい。別の英語翻訳では、「exercise」と翻訳されている。この「exercise」という言葉は、「練習」、「訓練」という意味で、学校の体育の授業などでも使用されているが、苦難が実を結ぶためには、魂の「練習」、「訓練」が必要となる。

この「練習」、「訓練」のいくつかについて、この後の二章で述べることにするが、要約すると、これらのすべては、恵みによって神の命に参加するという観点に立っており、神の先立つ恵みによって可能となる。それらは、神との交わりに値するように、または神から認められるように、あるいは性格を変えるようにと、岩登りのように頑張るものではない。それは、神に対していつも敏感であり、神との交わりのために場所を空けており、聖霊によって神の声に集中させることである。この前の節（10節）は、これらを強調するものであり、「霊の父は我々の益となるように、ご自分の神聖に与らせる目的で我々を鍛えられる」とあるように、神の聖さに我々が参加することによって、神がこの恵みの業を成し遂げられる。

我々は、自分が知っている以上に神によって深く愛されているが、discipleship（弟子であること）は、キリストのdiscipline（修練）のもとにあることを忘れてはならない。キリストはあらゆる状況の中で働いておられるが、特に我々が傷つき悲しんでいる、今この時ばかりではなく、将来の命のためにまで、準備してくださっている。このような将来の命について、これから考えていきたい。

復活の希望

旧約聖書でおぼろに輪郭が示されているが、新約聖書ではっきりと結実し、また響き渡る希望は、神の民の復活であり、そしてまた、痛み、死、涙がもはやない、新しい創造の中に住むという希望である。この希望は、深い喪失の悲しみの中にいるとき、また、この世での不正義と残虐の悲劇を聞くときに、我々を支えてくれる。だが、不正義と苦しみについて、最後の言葉はまだ与えられておらず、この物語は、まだ終わっていない。この言葉は、我々の苦しみの中に入り、あらゆる悲嘆を耐え忍び、死ぬことによって死に打ち勝ったお方のもとに留保されている。我々は、世の中が公平かどうか、そしてすべてを愛し、全能である神は、ただそれだけではないかと、自分で判断しがちである。だが、我々の判断、裁きは未熟である。神はすべてを新しくされ、最終的に、すべてが正される。

この希望――それは、キリストに会う、そして復活した愛する者との再会を含む――こそが、クリスチャンは悲しむが、望みを全く失くして悲しむ必要がないと、パウロが確信する理由である（「兄弟たち、既に眠りについた人たちについては、希望を持たない他の人々のように嘆き悲しまないために、ぜひこのことを知ってほしい」〔Iテサロニケ4章13節〕）。キリスト教信仰における個人的な終末について、ここで短く要約しておきたい。

ウィンストン・チャーチル（Sir Winston Leonard Spencer Churchill, 1874－1965）の言葉を借りると、「死は終わりではない。ましてや、終わりの始まりでもない。それは、始めの終わりかもしれない。」今日、広く行きわたっている、ギリシア哲学に影響を受けた人間を見る二元論的な考えに反して、人間は体を持たない。それは、活きるものとされた体、つまり、神が与えた生命あるいは魂によって活きるものとされた体である（魂の入れ物ではない）。死んだあとに、キリストが戻って来たとき（それがいつ起こるか、あるいは、それが何に通じるのか、つまり、広い意味での終末論をここで議論しているのではない！）、彼らは復活し、体と魂が統合された、全き人間として再び生きるようになる。

神であり人であるキリストが、人間と結びつき、また創造と関係しているという事実から、いくつかのことが導き出される。まず、イエスは、最後のアダム、つまり、肉体をもつ者、パウロの言葉を借りれば「眠りについた人たちの初穂」（Ⅰコリント15章20節）として存在する原型の人間であり、それ故に、我々もまた、永遠に肉体を持った人間となる。このことが、第一コリント15章のパウロの主要な論点である。だが、このことはまた、化身した魂ではなく、命が吹き込まれた体として、人間は何者であるかということと一致する。さらに、復活における我々すべての原型であるイエスは（Ⅰコリント15章13節、20―23節）、復活した時には、物理的（肉体的）に認識できる姿であった。

肉体を持った人間のアイデンティティは、三位一体の神格の性質をいくらか反映するものとして保たれている。ここにおける、子としてのキリスト――父と共にあって永遠であり、父と聖霊に対して互いに内在的である――は、位格として、あるいは子の人格として、分けることができないアイデンティティを今もなお、そして永遠に具備している。永遠の三位一体がそうであるように、人格は、創造のリアリティにおける主要なカテゴリーである。それは、共同体内人格であるが、やはり人格である。我々が共同体の一員であることは、天における人間としての存在と天が地上に降りてきた時において、欠くことができないものである。人間に属さずに、人間は存在しない。

また、人間の死後のアイデンティティについて、聖書は、次のように記している。例えば、神――生きている者の神であり、死んだ者の神ではない――は、アブラハム、イサク、ヤコブの神であると、イエスは語っているが、彼らは明らかに、それぞれのアイデンティティをもっている。モーセとエリアが変容の山に現れた時（マタイ17章3―4節）、彼らははっきりと認識できた。すべての者が復活する一般的な復活は、この時、まだ起こっていない。だが、この「中間期の状態」において、モーセはモーセ、エリアはエリアであるなら、我々も愛する人たちも、死と復活の「中間期の状態」において、また復活において、それぞれのアイデンティティをもつことになるであろう。大切なことは、モーセとエリアは、天に上げられた後も、依然としてモーセであり、エリアだということである。同様に、すべてのクリスチャンは、ある日、キリストの似姿に変えられるが、カルロスはカルロスであり、シャロンはシャロンである。つまり、地上の誰も。

復活の前と後のキリストのように、復活した人において、地上にいた頃と比べて、継続していることと、継続が止んだことの両方があるであろう。英国の科学者でかつ神学者であるポーキングホーンは、魂は、体の「情報を担う形相」であるとしている。ここで彼は、アリストテレスとアクィナスによる「体の形相」という古代の概念を念頭においているが、彼は、「体の中の魂」という二元論的実体ではなく、魂と肉体の一体化を語るために、このことを引き合いに出している。ポーキングホーンの考えは、魂と肉体の統合――つまり、人間であること――において極めて重要な、我々のゲノムあるいは遺伝情報を排除するのではなく、むしろ含むものである。特に彼が強調しているのは、この情報を担う形相は、我々の人格において重要な役割の部分である関係性と、アイデンティティを形成するすべての経験を含むに違いないということである。彼は、「この魂の深遠な複雑さと多次元的な性質を認めることは、あまりにも干からびた概念――情報を担う形相という提案を逆に取る――の恐れを避けることになる」と述べている。[5]

従って、我々のＤＮＡと、関係性のすべての歴史を知っておられる神は、墓から、あるいは散骨された森や海から体を引き上げて、全部の体に戻すために奮闘しないであろう。このことは、シャロンは青い目をしており、しかも、その目はもっと可愛いくなっていることを意味するのか。楽しそうな笑いと、きびきびした振舞は、同じだろうか、それとももっと進んでいるだろうか。もしも、他の人を顧みる彼女の心が、ここでは、とても素晴らしかったなら、もっとそのようになるように、神は働かれるのであろうか。私は、そう思う。

ほとんどの人は、天を「上」にあると考えていると思うが、実際には、前方、つまり平面であろう。神のこの世に関わる計画は平面的であるが、最終的には垂直的、つまり、神の物語は、創造、堕落、そして世界の贖いであり、さらには、変容と創造の回復である完成へと向かうものであり、破壊ではない。その新しい創造は、天が地上に来ることによってもたらされる。我々は皆、霊的に、また、ユニークで独自の被造物としてのアイデンティティへと向かう体をもつようになるが、神は働いておられることから、恐らくは、我々も働くようにとされるであろう。創造主によって、その似姿に創られた被造物としての人間に与えられた労働の賜物は、堕落の前であった。それ故、労働はよいものであり、思うに、新しい創造の中においては、堕落の世界で労働を苦しいものした、あの「茨とあざみ」はもはやなく、そのような中で我々は働くことであろう。

新しい創造では、とりわけ、小羊イエスが我々の礼拝の中心でありテーマである。我々は、イエスの中において新しく完成された者であることを知るようになる。我々が贖われ、人生の荒波のなかで味わったすべての苦しみも、イエスを通して、またイエスによって贖われたことを知るようになるであろう。黙示録21章1－4節は、このことを明確にして、我々に安心を与える。

私はまた、新しい天と新しい地を見た。最初の天と最初の地は去って行き、もはや海もなくなった。さらに私は、聖なる都、新しいエルサレムが、夫のために着飾った花嫁のように用意を整えて、神のもとを離れ、天から下って来るのを見た。そのとき、私は玉座から語りかける大きな声を聞いた。「見よ、神の幕屋が人の間にあって、神が人と共に住み、人は神の民となる。神は自ら人と共にいて、その神となり、彼らの目の涙をことごとくぬぐい取ってくださる。もはや死はなく、もはや悲しみも嘆きも労苦もない。最初のものは過ぎ去ったからである。

これらのリアリティは、中間期において大きな慰めをもたらす。ヘンリー・ウォード・ビーチャー(Henry Ward Beecher, 1813－1887 会衆派教会牧師)は、「神は、涙がもはや流れることがなく、見えざる陸地が見えるようになるまで、目を涙で洗ってくださる」と書き記している。

向こう側での人生について、我々が知らない多くのことがある。例えば、以前に結婚した者たちはどのような関係にあるのか、新しいエルサレムが地上に降り、復活して新しい地に住むときの年齢は……。ある教父は、イエスが公に伝道を始めた年齢、そして我々が成熟して仕える準備ができる年齢を考慮すると、三十歳代ではないかと推定している。だが、本当のところは、全く分からず、神秘である。分かっていることの一つは、イエスは復活しており、人間の代表であることから、人間も復活するということである。彼らはイエスと親密で、またお互いの共同体の中にある。パウロは、「私は、今は一部しか知らないが、その時には、はっきり知られているようにはっきり知るようになる」（Ⅰコリント13章12節）と語っている。N・T・ライトは、彼の著書『驚くべき希望（Surprised by Hope）』で、このことを次のように、適切に書いている。

未来を語るすべての言葉は、経済学者や政治家が語るように、たんに、霧の中へと向かわせる道標のようなものである。パウロは、将来を凝視したとき、それは鏡のようにおぼろであると述べている。自分自身あるいは世界の将来の状態を語る我々のすべての言葉は、究極的なリアリティに非常に上手く対応したもの、そうでないものからなる複雑なものである。だが、このことは、予想困難を意味するものではなく、それぞれの意見が他のそれぞれの意見と同じようによいということを意味するものでもない。もしも、誰かが霧の中から我々に会うために出てきたとしたら……。このことは、もちろん、キリスト教信仰においてしばしば無視されているが、中心的なものである。(6)

もちろんライトは、復活の力により霧の中から我々の前に来て、ご自身が復活したので、主と共にいるすべての者が復活すると話したイエスのことを指している。最後の日に、主イエスは霧の中から、輝く栄光を帯びて我々のところに再び来て、すべての霧を永遠に取り払う。その時、我々は、贖われた神の民として、我々のために屠られた小羊を礼拝する。このことは、王として、祭司として、神を賛美する我々の基本的な姿であろう。この姿勢は、最初の人間として与えられた文化的な負託へと我々を向かわせ、それは新しい創造において、最後のアダム、新しい人間において全うされるであろう。我々は、王的な共同創造者として、新しくされ和解された被造物を支配するであろう。我々は、礼拝において、被造物を神にささげる祭司になるであろう。天が降った新しい地を、キリストが支配するように、我々はキリストと結ばれて働くであろう。その時、我々の体は、既に述べたように、そしてⅠコリントの信徒への手紙15章で確認したように、そこでは、現在の我々が継続しているが、まだ十分には把握できていない大きな不連続もあるであろう。彼らは空間的に限られてはいるが、現在の我々が欠いている霊的で天的な順応性をもっている。魂はそもそも不滅ではない（永遠の魂はギリシアの概念であり、聖書的ではない）。誰かが死ぬと、魂と肉体の統合体の情報を担う形相は、そのまま、崩壊の過程によって溶け去っていく。だが、大事なこととして、ポーキングホーンは、「これこそが私であるという形相は、私の死において神によって保たれており、終末における神による復活まで、神の記録の中に保たれており、新しい創造の出来事の中において、それが再び具現化することを信じることは、私にとって完全に、理に適った希望である」と語っており、このことが、自然主義者の期待とは異なって、神の誠実さによるものであるとしている。(7) さらに、「クリスチャンの確かな希望は、死と復活を中心とするもので、魂が生き延びることではない」と、述べている。

中間期の状態

このことは、当然のことながら、「魂と肉体の統合体が、地中で崩壊し、あるいは灰となったとき、その人はどこへ行くのか」という、学問的な演習ではない、永続的に繰り返される別の難問――特に、愛する人を失った人にとって――に直面する。新しい創造において、連続性が如何にして起こるかに関するポーキングホーンの考えに、大略、同意するが、このところ一般に広がっている魂と肉体の統合体が、愛する別れた人がある意味で今、天にいるというすべての望みを消し去ったという、現在一般に広がっている概念に異議を唱えたい。

「天に行くこと」ではなく、新しい地における復活が、我々の最終的な到達であり、よって、中間期の状態は重要性が低く、復活へ至る一時的なものであると、N・T・ライトが語るとき、私は彼の心情に全く同意する。だが、ライトは、別れた聖徒が、今、キリストと共に天にいるという可能性を否定するものではない。多くの聖書の箇所を参照しながら、最良でも潜在的なプラトン、最悪ではグノーシスの概念を宿しているように見えるリスクがあるにも関わらず、このことについて、さらに強調しておきたいと思う。

私は、多くの注解者や神学者が、眠りについた魂――クリスチャンが死ぬと、その肉体と魂からなる人格が死に、墓の中の体は、墓の中の魂である――を好んでいることを知っている。この学派の考えは、ギリシアの「体の中の魂」というよりは、「息が吹き込まれた体」という人間学を好むことに根ざしている。彼らは、クリスチャンが死ぬと直ちに主のもとにあることを示唆する聖書の箇所をしっかりと見ていない（フィリピ1章23節「この世を去って、キリストと共にいたいと熱望しており、この方がはるかに望ましい」：Ⅱコリント5章8節「私たちは心強い。そして、体を離れて、主のもとに住むことをむしろ望んでいます」）。このことは、死ぬ者の視点から、彼は、復活するまで何も知らないので、現象論的視点から彼らは死ぬと「直ちに」主のもとにいることを示唆するであろう。

議論するまでもなく、このことは「聖書を字義通りに読む」ことから、大きく離れているように見える。[8] 悲しむ人により多くの慰めを与える、より明確な解釈、つまり、キリストにおいて死ぬ人の非物質的な面（魂や霊）は、実に直接的で親密に主と共にあるという以下の議論を提供したい。

1　人間をたんに「神聖な記録銀行に預けられた情報」として情緒的なものを軽視して、愛する人を思い起こすことは、慰めにもならないし、人間の真実ともかけ離れている。

2　神の位格が統合されているという考えは、すべての働きの中で、それぞれが他の中にあるとしても、それぞれが働いているやり方で働いているということが語られ得ない程に、神的な位格のアイデンティティを減じるものではない。では、それと同じような形で、人間の魂と肉体の統合体は存在し得るのか。言い換えれば、IIコリントの信徒への手紙5章でパウロが語っているように、「魂」は体から離れているが、実際に一緒にいない一時的な期間、魂と体は一緒であることが可能か。

3　ポーキングホーンたちが重要なテキストとして、繰り返し引用している「神は、今、アブラハム、ヤコブ、イサクの神であり、故に、神は生きている者の神であり、死んだ者の神ではない」は、イエスが現在形で語っていることから、復活と、王国でのアイデンティティの保持の証拠として十分であろう。さらには、変容の山で現れたエリヤとモーセは、彼らが復活する前であるにも関わらず、明らかに実際の人間として認識できたが、一体誰なのか。

4　イエスは、十字架上で死んでいく強盗に対して、「今日」、イエスと共に楽園にいると語ったが、何を意味するのであろうか（ルカ23章43節）。

5　詩編作者（31編6節）とイエスは（ルカ23章46節）、死について、〝霊〟を神に委ねることとしているが、なぜか。

6　死んだ者にとって、死後の世界が、今よりも「よい状態」だと語るとき、この問題に関して書簡は、何を伝えようとしているのか。フィリピの信徒への手紙1章とⅡコリントの信徒への手紙5章は、解釈が難しい要素を含んではいるが、字義通りには、体からの離脱が、主が直ちにそこにおられることを意味することは、疑いの余地がない。

7　祭壇の下にあり、祈りの中で神に叫ぶ「殺された人々の魂」について、黙示録6章9―10節が語るとき、それは何を意味するのであろうか。

8　長い年月にわたって、キリストの存在の下、死者の意識ある状態についてクリスチャンがはっきりとした考えを示してきたことを、聖徒たちが重要視してきたという見解を、キリスト教の伝統は反映しているように思われる。「眠った魂」説は、実際のところ、少数派である。

9　この証拠は、人間が三つの性質をもっていることを支持するのであろうか。魂と肉体の統合体は死ぬが、霊は天に行くのであろうか。「情報を担う形相」を含むのは魂ではなく霊なのか、また、天に行くのはいずれであろうか。ヘブライ人への手紙の著者は、4章12節で、なぜ、霊と魂をあれほど区別しているのであろうか。

10　人間の体が死んでいると語るとき、新しい説明では、魂と肉体が死んでいるとするが、死んだ魂は何を意味するのであろうか。魂の死は、新約聖書では、裁きと関係しているように、私には思われる。

11　私が心配するのは、神学がプラトン主義、グノーシス主義と反応、恐らくは過敏に反応してはいないかということである。神学は、究極的には、キリストを通した神の啓示に沿って、霊によってなされるべきであり、究極の権威は聖書にある。神学が、多くの場合、異端に対して明確にしてきたことは事実であるが、ただたんにキリスト教の教えがプラトン主義あるいは新プラトン主義と一致したことで、必ずしも悪いと決めつける必要はないであろう。ここで指摘しておきたいことは、ある形で信者が直ちに天にいるという、広く保持されている考えは、単なるプラトン主義の「不滅の魂」とは、以下の点で、大いに異なっている。

•旧い創造の死んだ体から離れて、魂・霊が天にあるということは、形態のある種の形相が、今、天にいる死んだ者を特徴づけている——神の記録の中に保たれている同じ情報を担う形相によって決定されている——可能性を排除するものではない。このことは、モーセとエリヤの容姿によって支持されるであろう。

•今、天に居る者の非物質的な部分の具現がないとするなら、この普通ではない状態（つまり、「裸」の魂の普通ではない性質）は、Ⅱコリントの信徒への手紙5章でパウロが異常なものとした、まさにそのものではないだろうか。

•最終的に、死ぬ者（再臨の時にまだ生きていて捉えられる者も含む）が、将来、復活の体を持ち、体と魂の統合された者となるという事実は、先に述べたヘブライ的キリスト教の人間学を正当化するには不十分ではないだろうか。体と魂は分かつことができないと主張することは、分かたれるべきではない、あるいは、実際に、それらが相互浸透的で、本来的であるということを超えている。この問題については、聖書の御言葉に我々の信仰の礎を素直に置き、現時点で不可解に思われる他の問題に対する我々のアプローチと同様に、さらに継続して理解を探していくことが必要であろう。例えば、御子が十字架の上で、見捨てられたと叫んだことが何を意味するのか理解の限界に達したとき、また、三位一体の人格が形而上学的に分けることができないことを知ったような場合、やがて明確になるであろうという希望をもつことによって、敬虔な心で安らぐことができる。我々は、人間の仲保者として神の業の中でなされたキリストの贖いの真理を否定するものではないし、三位一体を否定するものでもない。

・死去したクリスチャンが現在、意識をもって存在しているという強い主張は、共同体主義的（コミュニタリアニズム）主張であるが、私がこれまで読んだり聞いたりしたものではない。死ぬと突然無意識な状態になり、誰にも関わらないということは、人間の共同体的性質と調和せず、聖的人間性 ―― それは関係性の中にある人間性 ―― に根ざした人間性の根本と相反するように思われる。私自身、死去した者たちが一時的に裸の魂で、天国で互いに交わり、より重要なことは救い主との関係にあることを思い描くことに困難を覚えない。キリストにある者が、キリストと無関係な状態、つまりある種の無の状態にあることをいかにしたら思い描くことができるのであろうか。パウロにとって、死ぬことは生きることよりもよいものであった。事実、それが何であれ、生きることのよささよりもよいものである——具現化された復活ほどよいものではないが。「よい、よりよい、最もよい（good, better, best）」は、パウロの終末論的な軌跡である。従って、よい状態が関係的で、最もよい状態が関係的であるなら、中間のよりよい状態が孤独で、個人的なものであることができるだろうか。

以上より、愛する者がこの世の共同体を離れたとき、パウロが遥かによいと語っている、天におけるキリストとのより豊かな交わりの共同体——小羊を礼拝する共同体——へと解き放たれることを思い描くことは、合理的であろう。プロテスタント、特に福音派よりも、東方正教会とローマ・カトリックのクリスチャンは、先に逝った人たちや、神を永遠に讃える一部の者の教会に対する存在に、よりはっきりと気づいている。我々はこの旧い伝統から少なからず学ぶことができる。

悲しむ人に知的で効果的な慰めをもたらす、神の性格とキリスト教神義論について大略述べてきたので、悲しむ人が神に慰めを見出す、共同体的かつ個人的な方法について、述べていくことにする。

注釈

1　*Zylla, "Roots of Sorrow"*; Oden, *"Pastoral Theology"*, 223-48.

2 Polkinghorne, "*Science and the Trinity*", 164.

3 前記、165.

4 Plantinga, "*Not the Way It's Supposed to Be*".

5 Polkinghorne, "*Science and the Trinity*", 162.

6 Wright, "*Surprised by Hope*", xiii-xiv.『驚くべき希望――天国、復活、教会の使命を再考する』、中村佐知訳、あめんどう、２０１８年。

7 Polkinghorne, "*Science and the Trinity*", 163.

8 多くの部分で、創世記における文字通りの七日間の創造における見かけの年代に関することと同じである。

第11章　適応へ向けて——三位一体の神の民との悲嘆の共有（1）

悲嘆の共有という概念は、他者と悲しみを共有することを含む。他者とは、教会における一般的な他者であり、霊的な友人、牧師、霊的な指導者のような教会における特別な他者、さらには、カウンセラーや、以前に、あるいは今、悲しみの旅路を歩む人、および教会員ではないが、我々、あるいは愛する亡くなった者を気にかけてくれる人たちを含む。この章では、教会員として培ってきた友情を含む教会の共同的な性格を通した癒しについて考え、さらに次章では、教会の任務の一部と考えられている、個々人、牧師、カウンセラーの役割について考えていきたい。

教会を通した癒し

我々は、神から受ける癒しと、神の民から受ける癒しとは、いくぶん異なると考える傾向があるように思われる。言うまでもなく、神と、神の民は区別するが、聖書の筆者は、詩編16編のダビデのように、神の民の共同体と神を一つと見なしており、神の民からの慰めは神からの慰めと同一である。この詩編においては、筆者は死に直面しており、神と神の民を並行して語っている。

神よ、私をお守りください。私はあなたに身を避けます。
私は主に申しあげました。
「あなたこそ、私の主。私の幸いはあなたのほかにはありません。」
地にある聖徒たちには威厳があり、私の喜びはすべて、彼らの中にあります。

新約聖書は、この神と人が関係的に一つであるという概念をさらに強調している。パウロはキリストを、「キリストとその体は、共にあって一つである」という意味で語っている場合がある（例えばIコリント12章12節）。教会が事実、キリストと結ばれていることから、このことは驚くに値しない。新約聖書では、このことを様々な隠喩を用いて示している（ぶどうの木とその枝、頭と体、隅の石と神殿、兄弟と家族、花嫁と花婿）。これらすべての素晴らしい共同的なキリスト論は、あらゆるクリスチャンはキリストだけではなく、教会に繋がる神の子すべてと結ばれており、地域の教会と共にある生活は、この交わりの適切な発現であることを示唆している。新約聖書において、教会に属していないクリスチャンに、このような様子を見ることはない。

「悲嘆の共有」という考えは重要であり、キリストとその信者の間だけではなく共同体の人々の中においても、実際にそうである。人々が互いの喪失や悲しみを共有するとき、人間と人間の次元で大きな癒しがある。もちろん、それぞれのかけがえのない独自性を尊重しつつ、相互性を織りなすように――特に、悲しみにある人に霊的に緊密な友人との間で――なされる必要がある。このことは、とりも直さず真に三位一体的で、神の似姿的な人間学的見方であり、原子主義的、個人主義的なものではなく、他方において集団主義的なものでもない。このアプローチは、共同体内人間として人を尊重するもので、三つの位格の交わりである神と類比できる。痛みにおける個々人の特異性と、共同体における癒しに通じる共通性の動力学について、検証する必要がある。

例えば、悲嘆の特異性は、悲しみが、その人のそれまでの文化的背景によって異なることに起因する。デール・ラーソンは「この分野における主要な発展は、死、死ぬこと、悲しみの中にある文化的な側面に注意を向けていくことであった」と述べている。文化がいかにして悲嘆を形づくっていくかについて、ポール・ローゼンブラット（Paul Rosenblatt）――彼は、文化を無視した場合と反対に、文化的差異に敏感であることが適切なケアの前提であることを、夥しい例をあげて、確信をもって主張している――の論文を引用している。40年間にわたる詳細な研究の結果、ラーソンは、「人が悲しむ際に、文化を超えてある種の共通のものがあるが、すべての人において、それが定まったものであるとすることは間違いである」と結論づけている。[1] 文化を超えた、すべての人間の人格の独自性と関連して、それぞれ人は、特異的に哀しみを経験する。このことは、もしも賢明な助けがあれば、検証する必要がある。

この特異的な側面については、既に確認したので、共同体の重要性と、すべての悲嘆に共通するものがあることも、強調しなければならない。教会は、人間のために神がデザインしたものである。イエスは、家族の創設規定を尊重しているが（例えば、マタイ15章4節）、宣教において弟子として召命するに際して、驚くべきことに人間の家族を相対化して、神の民、教会のより真実で恒久的な家族へと召命している（例えば、マルコ10章29節）。私は、悲しむ者に対する癒しとして、イエス・キリストの教会よりも優れたものを知らない。信仰の実践——聖餐式、御言葉の説教、生活における親交——は神との交わりを可能とする（特に聖書を読むことや祈りのような個人的な行いが困難なときに）。クリスチャンの考え方にも影響を与えている個人主義的な社会において、個人的な行為、あるいは霊的な訓練が重視される傾向にある。だが、新約聖書は、このようなことにはほとんど触れておらず、教会的な実践について語っている。17世紀の英国国教会司教のジェレミー・テイラー（Jeremy Taylor, 1613–1667）は、水撒きの譬えを用いて、マリアとヨセフがイエスを伴って神殿で礼拝したことについて「公の厳粛さの中において、神はその宝物を開き、恵みを溢れるばかりに注いだ。個人的な信仰、宗教の密儀は、庭にわずかの水を撒くようなものだが、会堂で、聖徒と公の交わりの中で神の礼拝に与ることは、天から降る雨のようなものだ。宗教は公徳であり、魂を結び合うものである」と述べている。(2)

もちろん、教会の集まりに参加が困難な、初期の急性の悲しみがあるであろう。だが、準備が整うと、教会員の聖的な交わりは、我々を支えてくれるであろう。主の晩餐にいつものように参加するとき、我々を愛し、我々のためにご自身を与え、我々の悲しみに入ってそれを担い、父の御座へと運んで我々を新たにして立ち上がらせ、希望を与えるキリストの顔が、心の中に思い浮かんでくる。(3) このことは、イエスが再臨するまでのことであり、やがて、我々が愛する者のすべてと共に、小羊の晩餐に集まる、その日がやってくる。それまでの間、次の週のため、キリストの体を食べ、整えられ、強くされる。

講解説教で、御言葉の解き明かしを聞き、人の言葉が神の言葉になるとき、我々は前を見て再び歩き始め、神の支配を信じる信仰が回復される。恐れや疑いに通じるあらゆる思いは、再び、一つの方向へと正されていく。神に出会い、福音を聞くとき、新たに作られていく。誠実であるように整えられ、啓発され、そして慰められる。

だが、御言葉と聖餐は、教会の主要な三つの特徴の二つにしかすぎず、三番目として、交わり（コイノニア）がある。最初の二つは、キリストにおいて共有する共同体の中で起こり、生活、世話、持ち物を分かち合う。通常、25人以上の教会では、小さいグループや家庭集会が必要となる。これらグループでの分かち合いの環境の中で、新来者は、直ちに教会へ行くのではなく、教会に馴染むことを始める。愛する人を亡くしたとき、実に、この小さい教会が神の家族として働くことを、私は目にしてきた。母や妻を亡くしたとき、私が牧会した教会の豊かな共同体の生活が、私と私の家族にとって、キリストの体になるという経験をした。実に、数えきれないほどの食事、多すぎて対応するのが困難なほどの訪問があった。小さいグループは、慰めと癒しの場であり、時として気晴らしの楽しい場でもあった。

論理情動療法から精神力動療法へと展開してきたラリー・クラブ（Larry Crabb, 1944 – 2021）は、治療の価値を軽んじるものではないが、多くの人の癒しについて神が与えた主要な恵みとして共同体の概念を擁護した。新約の人々の間の結びつきの力について、クラブは次のように述べている。

> 二人の人間が結ばれる、つまり、それぞれの存在が性的結合において二つの体として最も親密に交わるとき、最も深い傷の魂を癒して、その健康を回復させる何かが、一方から他方へ注がれる。受けた者は、癒された喜びを経験する。与えた者は癒すことに用いられたというより大きな喜びを知る。すべての悪いことよりも強い、何かよいことが神の子であるそれぞれの心の中に生じる。それは、そこにあり、解き放たれ、魔法を演じることを待っている。だが、このことは滅多に起こらない。[4]

このような結合の希少は、今日の多忙な文化の中で、真の友情を育むことが希少であることと関係している。このことは、今も教会の題目とされているように見えるが、霊的な成長のために、喪失が来るときの癒しのため、そして今、深い悲しみの中にある人のために、霊的な友情が活き活きと働く上で、重要なものとして、正しく位置づけされることを望むものである。

教会における友情を通した癒し

メリサ・ケリー（Melissa M. Kelley）は、著書『悲嘆』の中で、我々の関係的な性質——彼女は「悲しみは深い関係的な経験」であるとしている——の故に、悲しみに対して脆い我々の精神について述べている。[5] さらに続けて、我々は関係的な存在であり、悲しみに弱いので、癒しと遺された者の回復のためには、関係性の支援が重要であると語っており、このことは、一般的に正しい。だが、霊的な友情の場合、このことは、特に重要になる。このような友情の性質について、16世紀の修道女の生活を例として述べてみたい。

アン＝マリー・エリソープ（Anne-Marie Ellithorpe）は、最近書いた、彼女の論文『アビラのテレサと真の友情』[6] の中で、形成、癒し、変容における友情の重要性を強調している。テレサは、1970年に最初の女性教会博士とされた、跣足カルメル会の創設者である。[7] エリソープは、「神との友情は、他者との友情と絡み合っている。テレサは、社会的地位とは関わりなく、神との友情が育まれたすべてが友人である、友情の共同体を勧めている」と書いている。[8] 本書の前の章で勧めた神との友情は、「テレサの中心的な考えである。彼女が主張する神との友情とは、一人でしばしば共に時間を過ごし、小さな意志を分かち合う親密さである。」[9] テレサの友情の勧めは、友情は、同じ階級あるいは同じ社会的な地位の中だけのものとする、スペインの文化に反するものであった。テレサは、彼女の主張を通すため、神と人間の間の友情を指摘しており、エリソープはこのことを次のように記している。

> テレサの仕事をローワン・ウィリアムズ（Rowan Williams）が要約しているが、このことに関する根本的な答えは、聖霊を通して神と神の間の関係に我々が入れられていることである。父は、御子の故に、我々を同じ愛する対象に値する者として接してくださる。だがウィリアムズは、我々がそこに入る方法が、友情の考えをさらに徹底化すると続けている。それは、神が我々を許容できる標準まで持ち上げ、そして友人として接してくださるのではなく、友人になるために、神がその尊厳と地位を完全に捨てられたことによる。[10]

受肉を通して、御子は苦難にある男や女と同一となり、特別の地位にあるすべての権利を捨てられたのである。[11]

だが、神とのこのような友情は、キリストにおける人間の友人との友情、つまり、神と友情を分かち合っている人々において立証されることが必要であった。このことに関して、エリソープは「テレサの共同体の一つに加わることは、交わり、対等、そして養育と批判の両者を含んだ相互的な牧会的ケアにコミットすることであった。」と述べている。[12] この相互的な牧会的ケアは、「他者との真の友情のゴールは、祈りの生活の中で支えることであると、テレサが考えていた」という事実と関係づけられた。[13] テレサが心に描いていた友人とは、「霊的な経験を共有できる人」であり、「互いに最良であることを欲する人であり、恐らく到達できる最良の友情はキリストとの友情であろう。[14]」言い換えれば、それは、祈りの生活の中で我々を助ける友人、キリストをもっと愛することを助け、我々の生活においてキリストの居場所を奪い取らない友人である。

一般的に私の人生において、特に、妻がガンと診断され、治療へと進み、希望と痛みの和らぎ、緩和ケアでの困難な時期、そして、急に押し寄せる悲しみの中、危機とも呼べるこれらの日々において、友情がいかに大切であったか、いかなる言葉も言い表すことができない。一般的な人間の共同体は、すべての人に与えられた共通の恵みである。キリストを信じているか否かにかかわらず、神による創造とキリストが人として受肉されたこと、さらには、あらゆる人種、色、宗教の人々を神と和解させるために十字架にかかられたことによって、すべての人間は互いに関係づけられている。大きな社会的、人種的な多様性にもかかわらず、クリスチャンが、共同体の和解と一体性や、和解と平和の推進を含む人間の共同性と同情性を教会において体現するなら、キリストにおける神が意図する人間の運命を、彼らは、疑いもなく、真面目に受け入れるであろう。

私は、信仰をもっているか否かに関わらず、シャロンを世話していただいた多くの人に、神の共同体的なイメージの証拠を多く見た。地域の病院で彼女が診断を受けた日の、スコットランド人外科医――彼は、シャロンが看護師として働いた同じ病院の医師であった――との不思議な出会いは、彼女を慰め、そのことによって私も慰められる人間の結びつきをもたらした。彼女が有能な医師の手にあることを知っただけではなく（スコットランド人の故に有能ということではない！）、話し言葉の中のニュアンスや方言、また、無言の内の理解などは、確かに慰めをもたらした。彼は、シャロンが緩和ケアのベッドで電話をかけることができるように取り計らってくれた。このことは、我々にとって、とてもありがたいことであった。そして、アイルランド人医師のケアを受けることになった（スコットランド人に僅差で二位！）。彼は知的で信仰に篤い医師で、シャロンの化学療法を指揮し、告別式にも多忙な中を参列いただいた。やるべき仕事をはるかに超えて、彼女のケアにあたっていただいた友人の総合診療医師がいた。その後、彼は私のケアに、多くの方法――顔と顔ではなく、男の友人同士が好む横同士の仲間感覚――で、悲しみや自己憐憫に落ち込んだ時に、スポーツをしたり、冗談を言い合ったり、あるいは、高慢を防止するためのやり込めあいをしたりして、関わってくれた。その他にも、家で、緩和ケア病棟で、多くの医師や看護師にお世話になったが、彼らの人間味あふれるケアは、堕罪が完全に取り去ることがなかった、神が創った人間の共同体の暖かさを証明するものである。

だが、より親密な友情は、シャロンにとってさらにありがたいものであった。私ができない時、彼女の親しい女性の友人たちが、日常のケアに手をさしのべ、そのお陰で子どもたちや、私は、シャロンとの時間を共にすごすことができた。これまで友情を育むためにしてきたことは、悲しむとき、嵐のとき、そして来たるべき永遠の時のためにも、決して無駄ではなかった。ヘンリ・ナウエン（Henri Nouwen, 1932－1996）は、『友情の贈り物』について、深い洞察の中で次のように述べている。

友情は、人間が受け取ることができる最大の贈り物の一つです。それは、共通の目標、共通の利益、または共通の歴史を超えた絆です。それは、性的結合が生み出すよりも強い絆であり、共有された運命が固まるよりも深く、結婚やコミュニティの絆よりもさらに親密です。友情とは、たとえ喜びを増したり、悲しみを減らしたりすることができなくても、喜びと悲しみの中で他者と一緒にいることです。愛に高貴さと誠実さを与えるのは、魂の一致です。友情はすべての人生を明るく輝かせます。友のために命を捨てる人は幸いです。(15)

テレサが言うような友人は、私の人生においてあまり多くはないが、そのような友人の何人かについては、本書の謝辞で述べたとおりである。三年後に、再び私はタミーと恋に落ち入って結婚した。二人の女性と結婚した者が、天において、この二人といかにかかわることになるのか、気になって仕方がなかった。もちろんそこでは結婚がないことは知ってはいるが……。私の同僚のハンス・ボーアスマ（Hans Boersma, 1961－）は、「君、天では、そんなことは皆、超越してるよ。そこでは、結婚はもっと高い次元の秘跡なんだ！」、また、オーストラリア人の同僚リック・ワッツ（Rikk Watts）は、「お前は、所有欲が旺盛すぎるからな」というような類のコメントをいただいた。それぞれ、それなりに役には立ったが。

「教会の勝利」の交わりがあるというリアリティは、私にとって大きな慰めであり、特に、先に天に召された愛する人々を思うとき、その慰めは大きい。このことは、１８６０年代にサムエル・ジョン・ストーン（Samuel John Stone, 1839 – 1900）が使徒信条の12条に基づいて作った12の賛美歌（彼は、これらをライラ・フィデリウム Lyra Fidelium と呼んでいる）を含む、いくつかの偉大な賛美歌に反映されている。「確かなもとい、ただ主に置き」は、使徒信条の第９条「聖なる合同教会、聖徒の交わり」に基づいて作られ、地上における教会の甘美な交わりと三位一体の内的な命、そして先に召された聖徒と結び合わせるものである。

確かなもとい、ただ主に置き　十字架の血にて贖われて
水とことばできよめられた　主の教会は主の花嫁
この世にありて一つとされ　ひとりの神の御名をあがめ
一つの糧をともに受けて　一つの望みともにいだく

地にある民も天の民も　御神にありて一つとされ
ともに交わりともに望む　主とともにあるうれしき日を[16]

今日の礼拝ではあまり歌われていないが、1759年に書かれた、チャールズ・ウェスレーの告別賛美歌は、先に逝った人を偲びながら、我々を信仰へと導く同じような感傷を歌っている。

地にある聖徒に、先に召された者と共に歌わさせたまえ
この地の王、天の王　すべてのしもべは、皆一つなればなり
主の住まいに住む家族は一つ、天と地にある教会も一つ
死の細い流れにより　今、分かたれているとしても
生ける神の一つの群れ、汝の指図に我ら従う
ある者は奔流を渡り終え、ある者は今、まさに渡らんとす…

注釈

1　Larson, "*Taking Stock*", 81。文化が悲しみといかに関わっているかについては、以下も参考になる。Laurie and Neimeyer, "*American African in Bereavement*"; Lazar and Bjork, "*Religious Support and Psychosocial Wellbeing*", 403-21.

2　Taylor, "*The Whole Works*", 81.

3　主の晩餐式が、いかに神の命と慰めに我々を導くかについては、以下に豊かな記載がある。Schmemann, "*For the Life of the World*"（特に第６章)。

4　Crabb, "*Connecting*", xi.

5　Kelley, "*Grief: Contemporary Theory and the Practice of Ministry*", 126.

6　Ellithorpe, "*Teresa of Avila and Authentic Friendship*", 6.

7　Teresa は、４冊の本を書いた："*The Book of Her Life*"; "*Foundation*"（約１５８１年完了）; "*Meditations on the Song of Songs*"（1566）; "*The Interior Castle*"（1577)。また、改革カルメル会の憲章（1563）や、種々の小作品や手紙を書いた。

8　Ellithorpe, "*Teresa of Avila and Authentic Friendship*", 6.

9　前記、5. ここで彼女は Teresa が次のように書いていることを指摘している。「もしも、じっと耐え忍ぶなら、友のために神を受け入れたどの人に対しても、決して報酬を忘れない神の憐みを信頼する。なぜなら、私の考えでは、黙祷は友人の間での親しい分かち合い以外の何ものでもなく、それは、私たちを愛していると知っている神と一人でしばしば時間をもつことを意味する。愛が真実であり、友情が持続するためには、友人間の意志が一致しなければならない。」(Teresa, "*Book of Her Life*", 8.5, 96)

10　前記、103, 133-40; Rowan Williams, "*Teresa of Avila*", 103.

11　Ellithorpe, "*Teresa of Avila and Authentic Friendship*", 6.

12　前記。

13　前記 , 4. 彼女は、Teresa の以下を引用している。「それ故、姉妹の皆さん、あなたと話すすべての人たちに関して、そのように偉大な善を始めようとするときにもつかもしれない、いかなる恐れも取り去るように努めなさい。神の愛のために、あなたの会話が、相手に対して、いつもよいものをもたらす方向へ向けられているように願います。それは、あなたの祈りは、魂のためになされねばならないからです。」(Teresa, "*The Way of Perfection*", 20.3, 115)

14　前記 , 8.

15　Nouwen, "*Bread for the Journey*", January 7.

16　彼がロンドンの All Hallows-on-the-Wall の院長になった１８９７年に書かいたサイン入りの写しが、Church Club of New York にある。

第12章　適応へ向けて――三位一体の神の民との悲嘆の共有（2）

教会の牧師によるケア

一体性、特に近さと区別は、三位一体において共に保たれているが、それがどのように保たれているかということを知ることは、神の民の牧会ケアを生き生きと行う上で重要である。このような深い類似は、人間が神の似姿に創られ、キリストに参加して神の命に与るように招かれている事実性によって正当化される。神はご自身を、人としての御子の業において、そして聖霊の業において、人間の中に現わされたが、その本質において、交わりにおいて、一つである。それと同時に、神は三つの位格――それぞれは、基本的に対等で、尊い――において一つであり、分けることはできない。それらは最小限、互いの関係によって区別される。父は御子ではなく、聖霊は父ではない。それぞれは、完全な交わりの相互性の中で他者の中にいるが（イエスは言われた「私は父の中におり、父は私の中にいる」）、それでも、誰であるかを示すために、互いの間には空間がある（例えば、受肉し、十字架の上で死んだのは、御子のみである）。すなわち、これらの人格には近さあるいは親密さがあるが、それと同時に独自性と区別があり、それぞれの間には空間がある。イエスはゲッセマネで「父よ、御心なら、この杯を私から取りのけてください。しかし、私の願いではなく、御心のままに行ってください」（ルカ22章42節）と祈ったが、神の御子が、考え、感じ、行う上で、空間をもった区別された人格でなかったとするなら、このことは何を意味するであろうか。

ニール・ペンブローク（Neil Pembroke 実践神学、牧会学）は、三位一体の中にあるこの空間的な動力学（衝突がない対比）が、牧会ケアとカウンセリングの重要な基盤とみなしている。[1] 彼は、効果的な牧会カウンセリングは、共感と受容へ接近することと、マルティン・ブーバー（Martin Buber, 1878 - 1965 宗教哲学者、社会学者）が「認める」と呼んでいるプロセスを通じた適切な距離を作ることの両者を含んでいると主張している。[2] もっと正確に言えば、「効果的な牧会ケアをする者は、いつ、どのようにして接近し、いつ、どのようにして距離を作るかを知っている者」ということになる。彼は、「重要な牧会技術は、人間間の距離を管理することであろう」としている。[3] 接近は、共感と受容を通して促進され、離間は対面を促進する。

このことを考える別の方法は、ペンブロークが行っているように、神の三位一体性について、デヴィッド・カニンガム（David S. Cunningham）が考えて名付けた概念を用いることである。彼は、三位一体の中で、一体性の中にある共通の固有性と、三体性を記述するために「多声音楽（ポリフォニ）」という用語を用いた。この音楽技術における用語は、「同時的で、他を除外しない違い —— つまり、一つ以上の声が同時に歌われ、そのどれもが主部ではないので別の黙音を与える」ことを指す。[4] 故に、カニンガムは、「多声音楽で伝えられる神学的な考え方は、二つの対照的なカテゴリは、必ず互いに対立して働かねばならないというういかなる考えにも挑戦するであろう」と述べている。[5] ゼロ・サム・ゲーム[訳注1]は、均一な一つに合成される必要がない同時的な差異という考えに対して、道を譲るべきである。[6] 人間性と神性を備えた一人の人間－イエス・キリストと、超越的で内在的な神はよい例である。この概念を三位一体の教義に当てはめるにあたって、カニンガムは「基本的な多声音楽は、一体性と相違性にある」と述べている。[7]

三位一体に関するカッパドキア神学を、牧会ケアに適用するペンブロークのアプローチ――コリン・ガントンの「神の似姿」神学の人間学を採用している――に、私は、全く同意する。[8] 牧会ケアのテロス（telos）[訳注2]が、「人が神に似るように成長することを手助けする」という考えに、ペンブロークは同意することを表明している。罪は神の姿を汚しているので、牧師の仕事は、キリストの恵みがケアされる人において回復され、神と似た者となるように、牧師とその人の間にある「人間の間の空間」を、一緒になって管理することである。実際には、このことは、あのテロスへ向かって、「ある種の心理学的、霊的、倫理的な問題に参加する」ことを含む。ペンブロークは、テロスへ向けて空間を用いる、ガントンの関係的存在論を採用している。これを適用するにあたって、ペンブロークは、空間は適切に定義され管理されなければならないと主張し、「もしも、関係的領域で空間が大きすぎると、個人主義に落ち入ることになる。相互的な参加は、関係において近接を意味する。だが、近づき過ぎも問題である。言わば、誰かが自分の上に座れば、自由がなくなるようなものである。その人は、私に余裕を与えず、私が他人であることに対する敬意を示さない」と述べている。[9] 関係的な空間に関する、極めて価値があるが、いくぶん直感的な概念は、ガントンの理解において、三位一体に類比することによって正当化される。

我々は、三つの位格が、他者性において、互いのために存在し、そして互いから離れている空間、つまり、位格的な空間という概念をもつ。それ故、特殊性を互いに与え、それを受ける。特殊性は重要であり、それは、あるべき空間に関するものである。父、子、聖霊は、それぞれの分離不可能な関係性の形――方向性のある運動を起こすこと――を通して、それぞれに特殊性と自由を与える。このことが、それらの位格としての在り方である。[10]

ペンブロークは、このようにして、もしも神が交わりの中にある人格であるなら、人間も神の似姿に創られていることから、その似姿の重要な動力学は、我々の関係性であり、互いの人生における相互の参加が、我々の人間性を明確にする。我々は、「自分の関係性の中で人間性を経験」し、「人間の共同体の構造あるいは配列は、参加（接近）と他者性（距離）の両者を含む関係性である。[11]」他者性と関係性は、多声音楽の両極となる。「人間であることは、特殊性と自由性——あるべき空間を与えられること——のなかで、共同体の他者によって作られているということであり、これら両者が与えられた場合にのみ、十全な人格が正しく働く。」(12)

牧師のケア、あるいは二人のクリスチャンが互いにケアをすることに関して、現在、議論がどこへ行きつくのか、推測することは難しいことではない。牧会ケアのテロスは、多声音楽のような方法で、人々が関係の中にあるようにすることであり、互いに親密で肯定的な共同体の中で、人々が互いに認め合うことである。牧師は、他者を押しつぶす接近と、他者の存在を否定するよそよしさと距離を避けながら、彼あるいは彼女を、健康な関係性の中にある人間として、他者との交わりの中に運び込むという旅を、いつも続けている旅人である。ペンブロークは、牧会ケアとカウンセリングにおける、近接と距離のテーマに関する牧師のルーブリック(訳注3)を開発している。この場合「距離」はある意味でもいつれを避ける空間を与えるという、ある種の積極性を伝えることを意図したものと理解しているが、私自身は、(距離よりも)区別の方を好む。

牧会ケアとカウンセリングにおける近接性

ペンブロークは、牧会的な関係性の中で、空間は、「共感的な順応を通して最も上手く管理される」と書いている。(13) 彼は、共感について、「他者の形而上学的な孤独性の中に入ることを試みること」としている、イーガン（Egan）を引用している。[14] ペンブロークは、さらに詳しく、「共感は、自分自身を近接させる試みを含み、精神的な孤独に対する矯正手段である。共感的な対応が示されると、その人は、自身の痛みと混乱に対して孤独でなくなる。つまり、それを共有してくれる友人を持ったからである」と書いている。[15] ペンブロークは、共感が、牧師やカウンセラーが、教区民あるいは患者を、検体として、あるいはよそよそしい態度で見ることを避けさせてくれると強調している。介護者は、非介護者の世界に入り、その人にとって人生がどのようであったか、「その内側から感じる」ことが必要である。[16] 彼は、カール・ロジャーズ（Carl Ransom Rogers, 1902 - 1987 臨床心理学者）による、牧師の人格はそのままで、そのことに対して「あたかも」現実にあるという、共感の定義を引用している。

共感とは、患者の私的な世界を、あたかも自分の世界のように感じるが、その「あたかも」の性質を失うことがない状態を指し、このことは、治療において必須である。患者の怒り、恐れ、あるいは混乱を、あたかも自分自身のことのように感じるが、自分自身の怒り、恐れ、混乱がそれと結合することがないことが、我々が描こうとしている条件である。[17]

言い換えれば、近接の中においてさえも、健康的な助力を行うためには、区別は維持されねばならない。

牧師、または、実にクリスチャンは誰でも、他者をケアする場合には、近接さと、損なわれず、分けることができないアイデンティティにおいて、たんに三位一体の多声音楽で例示されるよりも、さらに重要な変動が働く。まず、牧師が三位一体との参加的な関係に入り、彼または彼女がキリストの内に入り、キリストが聖霊によって、彼または彼女の中に入る。もしも、実際に、ケアあるいはカウンセリングを受ける人がクリスチャンである場合には、その人もキリストとの関係の中に入る。両者を結びつける何かが、両者の間で共有される。それぞれがキリストとの関係の内にあるということが、癒しと成長をもたらす交流の手段となる。この動的な力が、教会の命の中にあまりにも少ない。生ける神、そして他者との関係が浅いと、新しい契約の動力学は働かないであろう。

パウロがコリントで神の民の成長のために動機づけ、力を与えるように願ったとき、このテーマに関する重要なパラグラフを、「我々はまた、神の協力者としてあなた方に勧めます。神からいただいた恵みを無駄にしてはいけません」（Ⅱコリント6章1節）という言葉で始めていることは、興味深い。パウロは、神の民に慰めをもたらし、成長を促すといういかなる希望も、彼が聖霊によってキリストに参加し、神と協力することによってもたらされることに完全に気づいていた。牧師は、キリストの存在を仲立ちして、遺された人たちに、ただ慰め主を運ぶだけであり、その人たちは聖霊によってキリストにおいて、それぞれの内なる命へと入るのである。

イエスさえも、公の働きにおいて、聖霊による神との生きた交わりを通して、壊れた人に慰めを運んだ（ルカ4章14–19節）。イエスは、聖霊による父との交わりの多声音楽の中で生きた。イエスが行ったこと、語ったすべては、父と共にいるという内在からのものである。「はっきり言っておく。子は父のなさることを見なければ、自分からは何もできない。父がなさることは何でも、子はその通りにする」（ヨハネ5章19節）と、書かれている通りである。だが、ヨハネ5章におけるイエスの言葉と行為で現わされた、御子が父と相互内在的であるという啓示は、イエスが成すであろう、より偉大な業を予感させ（ヨハネ5章20節）、さらに重要なことは「彼らは、もっと大きな業を行うようになる。私が父のもとに行くからである」（ヨハネ14章12節）とあるように、聖霊によって、弟子たちもまた、そのようにできるだろうと、イエスが語っていることである。キリスト教福音の核心は、信じる者は、聖霊によって、キリストに結ばれることにある。彼らは神の命そのものに参加し、それ故に、他者と壊れた世界に対して仕え、神との交わりの中に生きているので、神の言葉が彼らのものとなり、壊れた者に慰めをもたらすことに確信をもつことができる。

だが、もちろん、この結合は、我々が生きている神との交わりに、積極的に関わる必要がないということを示唆するものではない。霊的な実践は、よい結婚生活とするために行うことと似ている。結婚で成立した結合のみが、交わりの追究を促す。あまりにも多くの北米の教会の牧師は、低い自分の尊敬を高めることに忙殺されている。牧師の生活の中での霊的な実践は、我々の存在の有効性と、ケアをする人の魂の動きを見分けるというような事柄に対して、極めて重要である。イエスにおいて、このことを預言的に語っているイザヤ書50章4節、「主なる神は、弟子としての舌を私に与え、疲れた人をはげますように、言葉を呼び覚ましてくださる。朝ごとに私の耳を呼び覚まし、弟子として聞き従うようにしてくださる」の箇所は、私自身の牧会において中心として考えているものである。悲しむ人や、他のすべてのニーズに対する牧会ケアの根本は、神によるこの「よく指導を受けた舌」であり、それは、聞く耳と、従順な心で、朝ごとの交わりと黙考によって父の声に聴き従うことによって与えられる。このようにして実行される交わりこそが、牧会ケアの第二のポイント――区別化と確認――として、重要である。

牧会ケアとカウンセリングにおける距離（区別化）

ペンブロークは、「距離を示す一つの重要なポイントは、他者に挑戦あるいは対面するために、進んで共感を超えることである」とし、[18]彼は、このような対面は、その人を心理学的、倫理的、霊的な成熟へと導こうとする際に、必要であると述べる。ペンブロークは、ロジャーズの「受容」という概念に対して、ブーバーの「確認」という概念を好んで用いている。ブーバーは、その人が何であるかということに対する無条件の関心（ありのまま受け入れる）を超えて、可能性を見出していく――つまり、その人が何をできるかへ向けて働く必要があると考えた。ブーバーは、「それで私は、その人をそのまま受け入れるだけではなく、私自身のなかで、その人を確認し、次に、その人の中で、その人によって示された可能性と関連して、今、発展させ得ることを見出していく。……彼は多少とも、この考えに沿って行うことができ、また、私も何かをすることができる」と述べている。[19] 言い換えれば、他者の可能性を想像し、その可能性の実現に手を貸すことが、ブーバーにとって、受容と確認の決定的な違いということになる。[20]

以上述べたように、ロジャーズは、変化を促進するため、無条件の肯定的配慮が最も強い要因であると主張するのに対して、ブーバーは、受容よりも確認を重んじていることになる。ブーバーは人間の極端な現実についても認識している。彼にとって、両極は、「善と悪」というよりは、「然りと否」であった。ブーバーは、この確認の行為さえも、その人との間に空間を維持しており、その人は、人間として全く損なわれないままでいると考えた。ブーバーは、この過程を、方向を押し付けるのではなく、潜在していたものからの解放を促すための他者との格闘として、「ほぐし」と呼んでいる。ブーバーの視点は、人間は神の似姿に創られたこと、そして堕罪の故に生まれつき罪深いという両方の事実を考慮した聖書的な人間学とよく一致している。ブーバーによる極端は、使徒パウロがローマ7章で、熱情をもって語った、然りと否とからも伺い知ることができるであろう。キリストの福音は、素晴らしい「然り」を宣言し、キリストの弟子に「否」に反対する力を与える。……だが、王国は来たものの十全ではないこの時代において、「然り」は次第に光を失せ、聖なるものに対する「否」は容易に覚醒するので、弟子であること、そして牧師のケアは、依然として必要である。

悲嘆の中にある人に対するケアは、初期の段階では、主に共感である。だが、共感するための接近において、牧師は交わりを育むことと、距離を保つことの両者が必要であろう。ショックによる麻酔によって（あるいは他の理由によって）、ものごとに無感覚な急性の悲しみの段階にある人に対しては、（ブーバーが言う）確認は、しばらく待った方がよいであろう。励ましの「然り」は、悲しむことを許すものとなる。ある人に対しては、「あなたに対して優しく」という勧めになるであろう（特に、そのまま続けることを決めたことが、表面的で否定の結果である場合には）。

私は、牧会の中で、あまり確かなこととしては言えないが、配偶者の死後、早い機会に結婚した人たち（特に男性）において、衝突が絶えない結婚に終わったというできごとにしばしば出会った。ブーバーの言うところの確認は、まだ処理しなければならない、悲しみ、痛み、怒りを覆うための未熟な縁組あるいは性的な欲求に対して、遺された者に、「否」と言うようなことを意味するであろう。再婚の時期についての規則はないが、経験則から、最短で一年、十代や青年が絡んでいる場合には、二年は必要と思われる。悲しみは、将来の配偶者について、人の眼を覆い、また、亡くなった愛する者に対する深い悲しみは、ロマンチックなものへの強い欲求へと向かわせかねないであろう。そのような脆弱な期間には、信頼できる友人や牧師と、相談を続けることが重要である。

喪失と悲嘆の旅路における牧師の最も重要な貢献は、広げると四重になっている。まず第一に、死亡の前と後の急性の悲しみの期間において、共感する存在となる。第二には、適切な時が来ると、魂の旅路や巡礼のただ中において、神が語られ、行われたことについて語る。ここにおいて、確認が関与する。第三の貢献は、悲嘆が複雑で鬱が続く場合には（次章を参照）、識別の方法を提供し、よく選択された医師または専門のカウンセラーを紹介する。牧師が、その人の限界を知ることは非常に重要である。四番目の貢献は——時系列では早期に来る場合もある——、埋葬または火葬、記念礼拝を優しく導き、悲しみの過程において助けになる共同体と家族の儀式を勧めることである。

次に、これら四つの貢献について、詳しく述べる。

まず第一に、そこに居ること（共感する存在）は、決定的に重要である。愛する者の死を徹夜で見守っている配偶者や家族から来て欲しいと呼ばれた時、診断がまさにくだされた時、あるいは愛する者の死をまさに知った時、牧師は、語るべき適切な言葉を、きちんと選んで話せるか心配するものである。だが、実際に、最も効果的に役割を果たす牧師は、心配せずにそこに居る牧師である。このことは、イエスがこれらの悲しむ人たちと共に居た——イエスは彼らの傍におり、また、父の右側に居て、彼らのために祈っていた——ことの鏡像である。このことに関して思い出すのは、私の誕生日である日曜日の夕方に、私と妻が、教会の友人の家に呼びだされた時のことである。パイロットである彼らの息子の飛行機が、バンクーバー島のナナイモの近くで、墜落したということであった。彼の父、母、婚約者、そして数年前に娘を亡くした友人もそこに居た。彼らは、彼が死んだということをまだ確実には知らなかった。墜落を調査している当局からの連絡を待った。3時間ほど待ったころ、電話が鳴り、彼の死を確認したとの連絡があった。

その3時間の間、私たちは何をしたであろうか。嘘の希望？　礼儀をわきまえた虚ろな会話？　聖書を読む？　たぶん、最後のことをしたであろう。だが、私たちは「正しい」ことをしたという自信はない。しかし、彼らは、私がただそこに居たことに感謝していたと思う。彼らと共に居た、彼らを気にかけていたことに感謝したのであって、何かをしたということではない。抱擁をし、ティーを入れた。もちろん、その時が来た時には、もっと抱擁し、しっかりと抱きしめた。そして、適切な時が来た時、彼らと共に祈った。彼らの苦悩と怒りを聞き、ショックの様を見た。その後の数日間、彼らに寄り添い、埋葬と告別の礼拝へ向けて共に働いた。

もちろん、ある特定の時期に、言ってもよいことと、よくないことがある。例えば、人間の永遠に続く天命について推定することは、神以外に人間の心を誰も知らないので、おそらく適切ではないだろう。責任を負う年代に達する前に死んだ子どもの場合、子どもが神の王国でまさに主役であると、イエスが言ったことに照らし合わせて、神の元に行ったということは、許されると思う。このことは、原罪についての教義を持たないことを意味するものではなく、キリストが代わりの命と償いの死によって、人間の罪を取り去ったこと、また、子どもは、まさにその性質が、信仰を写し出だしていることから、正当化され、贖われていることをたんに意味するものである。この神学から、あらゆる喪失の中でも最も悲しい喪失に向かい合っている両親に対して、慰めを差し出すことができる。だが、このことが牧師の神学的な立ち位置でないなら、その牧師がそれを共有することが重要な時がくるかもしれない。……だが、いつになるのだろうか。少なくとも、喪失のこの危機的な瞬間においては。この悲しみのさ中に、家族に対して告別式を拒むことは、福音的な希望に照らし合わせて考えられないことである。

死につつある人に対して徹夜で看病している愛する人たちと共に居て、気配りができる牧師は、その人たちが、クリスチャンの在り方よりもストイックである——つまり、「強い」という名のもとに現実を避ける——か、優しく現実と向かい合い、共に慰めを祈るべきか、区別することができる見識眼をもっているであろう。また、昨今の神の癒しを信じるクリスチャンは、彼らの「信仰」を用いて、彼らの愛する人が死につつあることに、面と向かうことを避ける傾向がある。危険なことは、実際にその人が死んだ時に、死んでいく人、遺された人において、嘆きがないことが起こることである。私は死につつある人の癒しを求めて祈る。シングルマザーの七歳の男の子が死んだ時、勇敢にも、復活を祈った。だが、この神学は二つの他の現実——王国はまだ十全には来ていないという事実と、イエスが再臨するまで、我々は苦難と癒しの神学が必要であるという神学が必要であるという事実——と釣り合いが取れている必要がある。この王国の中間期にあって、栄光の神学は、苦難の神学によって和らげられる必要がある。栄光とすべての癒しと復活は、キリストが戻った日に起こる。神がその慈悲と力において誰かを癒すとき、このことは、癒されていない者を含んだ、すべての人に対する励まし——キリストは実際に生きており、復活はすべての者に対して現実のものとなる——を意味する。偽りのない純正な信仰に基づく癒しの祈りは、父の意志に従順でなければならず、よって、二つの事柄の間の緊張関係は、死の瞬間まで常に維持されることが必要である。神は治されるかもしれないし、治されないかもしれない。後者の場合を考えると、愛する人が死ぬ可能性に備え、よい臨終への心のこもった言うべき言葉を準備することが必要である。

もしも要請された場合、死の瞬間、牧師がそこに居ることは、大きな慰めをもたらす。時として、厳密な秘匿が望まれる場合があるが、そのことは尊重されるべきである。牧師は、急性の悲しみとショックの性質について、適切と思われる場合には、説明することも可能である。支えてくれる友人が、そこに居るようにすることは、とても大事である。

もしも要請された場合、そして、悲しみが進むにつれて、悲しんでいる人が牧師の考えを求めた場合、牧師がなすべき主な仕事は、その人たちに、神の存在について目を向けさせ、主イエスが、皆の悲しみを集めて、父の執り成しへと運んでくださるということに、集中することである。牧師は、悲しんでいる人たちの魂の動きに気を配り、彼らの感情に慣れるように励ます。彼らに心の準備ができたら、祈りの方法で、詩編を読み、喪失、悲しみ、怒りなどの感情が治まっていくように導く。

悲しんでいる人に準備ができた適切な時点で、霊的な実践について助言を申し出る。ここで、多くの問題で苦闘したことから得た確信が助けになる。フリードマン（Maurice Stanley Friedman, 1921 – 2012

哲学者）が指摘しているように、別の人の苦闘に入るということは、「でしゃばって、『私はあなたよりよく知っている』と言うことを許可するものではない。あなたが私と分かち合い、一緒に苦闘する限り、私は、あなたが呼ばれている人を少しだけ見ることができる」ということである。(21) 悲しみのプロセスが複雑で、悲しんでいる人が行き詰ったことがはっきりとした場合、照会することが必要になるかもしれない。牧師は、相互の信頼を得るために、地域コミュニティにおいて、いくらかの医師、精神科医、心理療法士との関係を構築しておくべきである。体としての教会の性質上、悲しんでいる人のケアは、牧師だけのものではない。教会員の中で、牧会的、あるいは知的な賜物を持った人を探して、備えておくことは重要である。このような賜物を持った人――特に、喪失について、しばしば経験した人――は、悲しむ人に対して、あるレベルのケアを提供することができる。ステファン・ミニストリー(訳注4)を利用することは、一つの方法である。多くの宗派が、ケアを促進するための、グリーフ・ケアのプログラムを提供している。このプログラムに参加した人は、牧師を助けることができ、またその限界を知っていることから、有用である。

哀しむ人を、葬儀、埋葬または火葬へと導くに際しては、文化や他の現実に対して、細心の注意を払うことが必要である。葬儀の責任者やスタッフとの関係を構築しておくことは、遺体を葬儀場へ運ぶ時、埋葬または火葬の際になすべきことを、牧師が家族を導く上で、助けになる。(22) 葬儀式を計画することは、参加する家族と、牧師自身の賢いガイドの間での巧みなやりとりである。全体的な雰囲気として、「人生における祝い事」を選ぶ家族もあるが、それは、嘆きの表現や否定的な感情を許さない極端なものである。健気で陽気のようなものがあるが、克己ではなく、現実に私は喜びを見た。だが、他の礼拝は、あまりにも悲しく、復活など及びもしないようなものであった。哀しむ人や会衆の情緒的な状態を読み取って、牧師は細心の対応をすることが必要である。以下に、葬儀式を行うにあたって、長年にわたる私の実際の経験に基づく、いくつかの気づきを記す。

1　説教は短く——最長でも15分

2　弔辞は長くなることがあり、説教が始まった頃には、誰も聞かなくなる恐れがある。よって、説教は終わりの方ではなく、前の方で行うように努める。葬儀式で説教を頼まれた時、ほとんどの場合、聖霊が聖書の箇所を私の心の中に植え付けているのを見てきた。だが、そうであるか、ないかに関わらず、故人には、好んだ聖書箇所があったかどうか、あるいは、故人の人生のテーマが、聖書のテキストによって増幅され得るかどうか、自分自身に問う。かつて私は、ブリティッシュ・コロンビア州のビクトリアでよく知られたバス運転手の葬儀式を行ったことがある。誰もが、彼の優しさ、友情を語っていた。そこで、多くの集まった人の群れ——大部分は、信仰を持たない人であった——に対して、友情について語った。私の説話は故人に関するものであったが、それは、彼を超えて、兄弟よりも近くに伴ってくださった友人、罪人の友人であるイエスへと向かった。

3　家族に礼拝で歌う賛美歌を聞いておく。音楽は、大きな感動と慰めをもたらす。

4　会衆の性質に応じて、多くの聖書講読箇所を準備しておく。典礼を好む教会の場合、礼拝を形づくり、また、過去の聖人との交わりを促進することを意図した典礼がある。

西洋における現代文化において、悲しむ魂のケアを意図した共同体の儀式が無視されることが多い。これらの儀式は、我々の人格の具現化された関係的性質と、我々が悲しみ、さらに前へ進む方法を確認するものである。ユダヤ人は、例えば、喪失に順応していくことの意味を学び、死後七日間にわたるシヴァの伝統を含む悲しみに順応するための儀式を形づくった。

シヴァの間、人は働かず、風呂に入らず、靴を履かず、性的交わりをせず、トラーを読まず、髪を切らない。哀しむ人は、あたかもその人が死んだかのように振舞う。死に対する最初の反応は、癒しがたいほどの悲しみを示すことである。このような悲しみは、七日の間に、次第に収束していき、さらに一か月間の、より穏やかな喪によって、和らいでいく。一年後の故人の命日に、カッディーシュの祈り（死者に対する祈り）を除いて、喪は解かれる。[23]

リチャード・ノイハウス（Richard John Neuhaus, 1936 – 2009）は、「知恵の伝統は、しばらくの間、死に留まることを勧める」と述べているが、[24] それは賢いことである。感情の真正性がすべてであり、真正の感情こそが大切であるとする現代情緒主義がある。この見地は、「単なる儀式」は、疑わしいものであり、もっと言えば、人工的で不正直ということになる。だが、我々は創造の中で創られた者であり、霊は、創造から逃れることを志向するものではない。この世的で共同体的な儀式は、ときとして、その時に感じた以上の癒しをもたらすものである。

カウンセラーによるケア

癒しにおける共同体の重要性は、強調し過ぎることはない。私は、悲しみに対するカウンセリングを含む適切なカウンセリングは、人間共同体の大切な一部だと考えている。クリスチャンのカウンセラーの場合、彼らの働きは、教会共同体における、人間に与えられた賜物と知恵の表現である。カウンセラーは、知恵を持ち、訓練されており、癒しの旅路において ―― 特に、複雑な悲嘆の場合 ―― 重要な役割を演じることができる。ルース・デイビス・コニグスバーグ（Ruth Davis Konigsberg）は、悲しみについて、心理学と心理療法の分野における最近の考えを要約した素晴らしい論文を書いた。彼女は、悲しみのプロセスに関わる、いくつかのよく知られた神話を研究し、「通常」の悲しみのプロセスにある人に対するカウンセリングの必要性を検証した。[25] 以下、彼女の所見のいくつかを記す。

1　キューブラー＝ロスが提唱した悲しみにおける段階は、「医師や一般社会では、まだ一般的である」が、[26]学会では疑問視されつつある。

2　否定的感情を出すことは、必ずしも癒しの効果に繋がらず、実際には鬱を長引かせることがある。２００７年に行われた、最近、配偶者や子どもを亡くした66人の研究において、否定的感情を出した人と比べて、喪失の後６か月間、否定的感情を出さなかった人は、鬱や心配がより少なく、しかも14か月と25か月において健康上の不安を訴えた人は、より少なかった。この研究は、コロンビア大学ティーチャーズカレッジの喪失とトラウマの心理学教授ジョージ・Ａ・ボナンノ（George A. Bonanno）によって、コントロールとして、喪失がなかった人たちを用いて行われたものであるが、そのような感情を押し殺したり、避けること――「抑圧的対処」として知られている――は、実際的に保護的な機能をもつ。

3　精神的な問題を防止するために取り組むべきプロジェクトとして、悲嘆を定義する「グリーフ・ワーク仮説」もまた、神話とみなされた。この概念――「喪の作業」を唱えたフロイトによってもたらされた――は、現代悲嘆原則の主導的な技巧になっているが、コニグスバーグは、「ユトレヒト大学のヴォルフガング・ストローブとマーガレット・ストローブの夫婦研究チームが行った、[27]60人を対象とした研究は、喪失に対面することを避けた寡婦／寡夫は、悲しみと向かい合った者に比べて、うつ状態が軽いことを示した。嘆きを口にもらすことの重要性に関して、ストローブによる別の研究は、配偶者の死について話したり書いたりすることは、喪失に順応する上で、その人の助けにならないことを示唆した。」と、書いている。[28]

4　喪失は永遠に続くことは認めるが、急性の悲しみは、凡そ六か月ほどである。このことは、この期間の後、人間は素早く「普通の機能」を開始するものだという考えに基づくように見えるが、このことをもって、関係と結婚に入ることの手引きとすることは、賢いことではないと思う。カウンセリングをする牧師としての私の経験から、前にも述べたように、いろいろなことを考慮すると、大部分の人は、少なくとも一年、そして、いずれかが子どもをもっている場合には、最低二年間は待つべきだと、私はあえて述べたい。

5　カウンセリングが有益であった唯一の出来事は、喪失を受容することに強い困難を示していた人たちに対処したときであった。カリアー（Currier）という一人の研究者は、悲嘆の期間とその強さの統計的基準に照らし合わせて、「現今の研究を鑑みると、悲しみに対するコンサルティングは、規範的な応答を示す大人に対する場合に、効果的であるとは言えない」と記している。[29]

コニグスバーグの結論

悲しみの処方箋に急ぐのではなく、発展しつつある科学的見地——大部分の人は、段階や課題なしに、彼ら自身の喪失を耐え抜くことができる回復力をもっている——に基づいた、異なった、より開放的なメッセージを開陳することが望ましい。一部の人は、もっと困難な時期に直面するであろう。このようなグループに対しては、臨床医は、仮定ではなく証拠に基づいて、それに合った対処方針を打ち立てることに集中すべきである。[30]

コニグスバーグが引用しているジョージ・ボナンノの悲嘆に関する仕事は、悲しみの状態を評価する上で、「一つで、すべてにフィットする」方式で行うアプローチに挑戦するものである。[31] 泣くことは、多くの人にとって、悲しむことの通常の一部とみなされているが、唯一の健康的な応答ではなく、もしもそれが強いられたもの、あるいは過度であるなら、有害でさえあり得る。他の応答——ボナンノが「みっともない対処」と呼ぶところのもの——は、悲嘆を解く方法として、直感に反する、あるいは逆機能とさえ見えるかもしれない。これらは、祝意的な応答、笑い、出来事を解釈する際の自己奉仕バイアス[訳注5]を含む。泣くことや言葉で吐き出すことをしないことについて、ボナンノは、事実、回復の兆候かもしれないと指摘している。[32] ボナンノの仕事は、キューブラー=ロスの段階理論的アプローチ（否定、怒り、取り引き、鬱、受容）に挑戦する上で、大きな貢献をした。既に見てきたように、このことは、コニグスバーグも挑戦したテーマである。従って、多数の悲しむ人たちに関するボナンノの非常に多くの査読済の研究は、多くの者は、「通常」のようには悲しまない、だが、「回復力」をもっていることを証明した。[33]

だが、ここで指摘しておかねばならないことは、多くの研究者の中でも、特に、カリアーらは、ボナンノに挑戦していることである。「死別に対して、人間は回復力をもって、あるいは長い鬱の期間の後、喪失前の機能を再度、獲得して対応するが（2002、ボナンノら）、研究の結果から、個人の悲嘆反応の性質により、精神的、肉体的な健康の大きな低下のリスクが高まる可能性があることも記載されている（総説として Prigerson, Vanderwerker, Maciejewski, 2008 を参照のこと）。[34]」

私の考えでは、ボナンノのアプローチは、ストイシズム（stoicism 克己禁欲主義）の美徳をもたらすように見える。このことは、ある種のメリットをもつが、聖書的な人間学、具体的には、癒しの道として、感情に正直な聖書的アプローチ（ユダヤ教とキリスト教に共通した）に基づいていない。西洋社会では、多くの子ども養育、特に、息子の養育において、あたかもそれが徳であるかのように、感情のストイシズムが押し付けられている。勇敢は悪いことではなく、泣きべその幼児を育てることはいいことではない。だが、聖書的な感情コントロールの方法は、もしも、詩編を参考にするなら、感情を慣らし、その表現において知恵を働かせるように励ますことである。

寄宿舎へ離された私の経験で感じた、あるいは、僅かに記憶にある、列車の停留所での暗い状況の中での私の行動規範は、泣かないことであった。あなたの両親がしていることは、主の働きのためだから泣いてはいけない。少年は強いから、停留所では泣いてはいけない。列車が離れていく時には、泣いたり、わめいたり、親にすがりついて、親に恥をかかせてはいけない。他の子どもたちに続いて整然と列車に乗り込み、作り笑いをし、形式に則って、別れの手を振る。これはストイックな方法であった。もっと聖書的な方法は（幼い子どもを送り出すことを除いて）、父親と息子が、これから直面する困難について語り合い、父と母が、自分たちの悲しみを伝え、息子が自分自身の悲しみを感じるように励まし、もしも涙がでるようだったら、涙のためのスペースと許しを与えること、そして、主は彼に伴ってくださること、彼の悲しさを知っておられることを教えて、安心させることであっただろう。

キューブラー＝ロスに対して公平を期すため、段階は、処方箋的、直線的、万能ではないという条件が理解されている限り、死んでいく患者と悲しむ人の両者がそれぞれの感情をはっきりとさせ、それに慣れていく上で有用であることは言っておく必要がある。従って、様々な理由によって、段階理論は批判を浴びているが、大部分の心理学者や医師は、その過程において、ゆるく区別された段階があり、それを知ることは、満足する正常化効果をもたらすことには同意するであろう。概観すると、これらの段階は、ショックと否定、強い心配、絶望と抑うつ、そして回復であることから、喪失は受容され、遺された者は生き続けることができた。ショックとは、「喪失によって突然襲ってきたことから、情緒の点において守ることであり、その者は、心が真実を知っているということを前向きに受け入れない、あるいは、信じることが出来ない状態にある。この段階は、通常二〜三か月の間、続く。」[35]「強い心配」の段階では、悲しんでいる者が、他の事柄を考えることができず、会話がいつもそこに行く。この段階は、六か月から一年間、続く。「絶望と抑うつ」段階は長く、最も苦しい期間である。遺された者は、次第に喪失の現実と向き合う。感情と行動において、様々であり、時として、非合理的なものもある。抑うつと共に、怒り、罪、悲しみ、心配などの感情が伴う。回復とは、すべての記憶あるいは痛みを取り除くことではなく、人生に新しい興味が芽生え、再び通常に機能できることを指す。「ゴールは、その人の人生を認めることであり、よって、喪失は人生の中心というよりは、重要なその一部である。」[36]

悲しむ人は、いつカウンセリングを受けたらよいか。J・W・ウォーデン（J. W. Worden, 1932－）は、悲嘆のカウンセリングと悲嘆の治療を区別しており、この区別は役にたつ。彼は、「カウンセリングとは、複雑ではない、または、通常の悲しみを、妥当な期間内に、悲しむ人を健康的な喪の作業に向けさせること」としており、他方、「専門的な技術を要する悲嘆の治療については、普通でない複雑な悲しみの反応をする人に施すこと」としている。[37]ウォーデンは、悲嘆のカウンセリングの四つのゴールを定めており、それに該当する者を定める上で役にたつ。それらは、（1）喪失の現実を受け入れる、（2）喪失の後、様々な障害を克服して、立ち直ることを助ける、（3）情緒的な喪失と身体的な喪失の両者に対処することを助ける、（4）安らかな人生の再建へ意欲を持ちながら、故人との絆を維持できる方法を見つけ出すように助けることである。このプロセスは、カウンセリングを受ける者が、悲しみや、怒りのような感情をはっきりと意識し、それに慣れ、喪失の中に意味を見出し、そして、感情を別の方向へと向かうことを助けることを含む。ウォーデンは、このプロセスについて、カウンセラーのための優れた手引書を書いている。[38] ウォーデンの本の中には、異常、または複雑な悲嘆の反応の兆候、[39] さらには、適切な治療が書かれており、助けになる。[40]

本章の冒頭で述べたように、もしも必要であれば、よいカウンセリングを受けることは、交わりのできごとである。それはまた、我々の魂の動きに対して敏感になる、霊的な実践となり得る。次章において、教会と共同体の実践から、悲嘆を処理するための個人的な実践へ向かうことにする。

注釈

1 Pembroke, "*Space in the Trinity and Pastoral Care*", 3.1-10.
2 前記、3.1.
3 前記。
4 Cunningham, "*These Three are One*", 128.
5 Pembroke, "*Space in the Trinity and Pastoral Care*", 3.2.
6 Cunningham, "*These Three are One*", 131.
7 Pembroke, "*Space in the Trinity and Pastoral Care*", 3.2.
8 私は、Pembroke の人間を関係として語るトマス的西洋の三位一体的見解よりも、多少、寛容ではない（多声音楽的ではない）。
9 Pembroke, "*Space in the Trinity and Pastoral Care*", 3.3.

10 Gunton, "*Promise of Trinitarian Theology*", 113.

11 Pembroke, "*Space in the Trinity and Pastoral Care*", 3.3.

12 Gunton, "*Promise of Trinitarian Theology*", 117.

13 Pembroke, "*Space in the Trinity and Pastoral Care*", 3.4.

14 Egan, "*Skilled Helper*", 123.

15 Pembroke, "*Space in the Trinity and Pastoral Care*", 3.4.

16 前記。

17 Rogers, "*Necessary and Sufficient Conditions*", 226.

18 Pembroke, "*Space in the Trinity and Pastoral Care*", 3.4.

19 Buber, "*Knowledge of Man*", 182.

20 Pembroke, "*Space in the Trinity and Pastoral Care*", 3.4.

21 Friedman, "*Reflections on the Buber-Rogers Debate*", 63-64.

22 もしも尋ねられたら、もちろん牧師は、これらのうちの選択肢について、どれがよいかについての意見を述べることができる。しかし、この場合、適切な謙虚さをもって、また、断言的ではなく、聖書的観点から明確な理解をもってなすべきである。聖書の全体において、神の契約にある民は、人間の死んだ体に対して、畏敬の念を示し、埋葬についても、彼らの好きな方法で、主に対して行うようにして行う。だが、このことは、勧めであって、原則ではない。事情と経済的な要因についても注意を払う必要がある。火葬が劣ると考えるべきではない。残された形が何であれ、いずれにしても復活は奇跡であることを、我々は皆、知っている。

23 Richard John Neuhaus, "*Eternal Pity: Reflections on Dying*", 4.

24 前記。

25 Konigsberg, "*New Ways to Think about Grief*", 1-4.

26 このセクションにおけるすべての引用は、特に断らない限り、Konigsberg の "New Ways to Think about Grief", 1-2 からのものである。

27 Strober et al., "*Handbook of Bereavement Research and Practice.*"

28 Konigsberg, "*New Ways to Think about Grief*", 2.

29 Konigsberg, "*New Ways to Think about Grief*", 4 は Currier, Neimeyer, and Berman, "*The Effectiveness of Psychotherapeutic Interventions for the Bereaved; A comprehensive Quantitative Review*", 648-61 に引用されている。

30 Konigsberg, "*New Ways to Think about Grief*", 4.

31 Bonanno, "*Loss, Trauma, and Human Resilience*", 20-28; Bonanno et al., "*Resilience to Loss and Chronic Grief*", 1150-64.

32 Stix, "*Neuroscience of True Grit*", 28-33 も参照のこと。

33 Bonanno et al., "*Resilience to Loss and Chronic Grief*", 1150-64.

34 Currier et al., "*Bereavement, Religion, and Posttraumatic Growth*", 69-77; Larson, "*Taking Stock*", 349-52（これは Doka and Tucci, "*Beyond Kubler-Ross*" の役に立つ総説である）。"*Prigerson, Vanderwerker, & Maciejewski, 2008*" は、H.G. Prigerson, L. C. Vanderwerker, & P.K. Maciejewski, "*A Case for Inclusion of Prolonged Grief Disorder in DSM-5*", in Strobe et al. (eds.), "*Handbook of Bereavement Research and Practice*", 165-86 を引用している。

35 Center, "*Grief and Loss*" と Smith, "*Unit 1 Live Session*" の両方とも、ウイキペディアの "Grief" に引用されている。

36 ウイキペディア "*Grief*"。

37 Worden, "*Grief Counseling*", 83.

38 前記、80-104. グループ・カウンセリングのガイドラインは、109-17 に記載。

39 前記、146-52. 通常、このことは、カウンセリングを受ける者の、慢性的な悲嘆に関する自己診断による。喪失時に悲嘆がない、あるいは悲嘆を避けることは、この複雑な悲嘆を引き起こす（155）。Wordenは、慢性的、遅延的、大仰的、あるいは隠蔽された悲嘆が、複雑な悲嘆の四つのタイプとしている。抑うつと似通ってはいるが、NeimeyerとHoganは、複雑な悲嘆は抑うつとは区別されるべきだと主張している（R.A. Neimeyer and N. Hogan, "*Quantitative or Qualitative? Measurement Issus in the Study of Grief*" in Stroebe et al.（eds.）, "*Handbook of Bereavement and Practice*", 89-118）。

40 Worden, "*Grief Counseling*", 153-74.

訳者注釈

1 一方が勝てば、それだけ他方が負けるゲーム。

2 テロス（telos）：ギリシアの哲学用語で、完成・目的を意味する。

3 rubric: 学校教育などで、目標達成度を評価するための表。

4 Stephen Ministries: 誰もが経験する人生の様々な危機的状況に対して訓練された信徒による、クリスチャンケアのミニストリー。

5 self-serving bias：よい出来事は自分の内的な特性に、悪い出来事は外的な状況に原因を求める心理的傾向のこと。

第13章　適応へ向けて——個人的な実践による神との悲嘆の共有

私自身の喪失において、慰めの最も重要な源泉は、三位一体の神の命と愛に参加するための霊的な実践の賜物、言わば、神の恵みを受けるための電気ソケットであった。個人的な実践を述べるに際して、既に書いた通り、それらは勝れて共同体的であり、教会的であることを、今一度、述べておきたい。霊的な実践は、共同体的な枠組みの中で形づくられ、最終的な目的は共同体で実を結ぶことである。急性のときであるが、通常、悲しむ人、あるいは、落ち込んだ人において、このことを実践できない時が必ずある。従って、このことをもって、その人を責め、傷つけることを決してしてはならない。イギリスにおいて、ピューリタンの牧師たちは、うつ状態にある仲間に、聖書を読むように勧めることはよくないということを十分に認識していた。だが、そのような実践に向かう時は、やがて来る。以下に、私が役に立つと思う三つの事柄について述べる。これらは、私の悲しみの旅路において、助けになったものである。

聖餐式

私にとって、主の晩餐に参加して、それをいただくことは、教会の実践において、一つの最も慰めに満ちた癒しであった。主の晩餐式は、教会の最も共同体的な行為である。それは、我々のために受難されたキリストを改めて気づかせる。最も大切なことは、パンと葡萄酒に与ることによって、キリストをいただき、我々の大祭司キリストの降臨によって、我々はすべての悲しみと共に、神の内側の命へと引き上げられることである。カルヴァンの秘跡に関する教義において、ローラ・スミット（Laura Smit カルヴァン大学教授、牧師）は、このことを見事に講解している。この教義におけるカルヴァンの第四のポイントに関して、彼女は、「晩餐の動きは、キリストが我々の方へお降りになった下方向ではなく、我々が引き上げられるので、上方向である」と述べている。[1] カルヴァンのこの考え方を、ジョージ・ハンシンガー（George Hunsinger, 1945 – プリンストン神学校の組織神学教授）は、「上方向のベクトル」と名付けたが、[2] このことに関連して、スミットは、さらに、「聖変化（transubstantiation）の教義は、分散の動きを想起させるが、カルヴァンは、キリストは体において昇り、聖餐を通して、すべての信じる者を引き寄せてご自身と結び合わせたので、三位一体の内なる命との交わりへと導くことを教えるもので、このことは、収斂への動きを示唆する」と書いている。[3] 従って、スミットは、カルヴァンの考えは、「キリストの体の広がりを示唆するもの」と断言している。彼女は、このことをキリストの位格的な（enhypostatic）動きと関連して次のように説明している。

キリストの昇天において、人格が神の中に導入される。キリストと結ばれることによって、教会であるキリストの体は広がる。それは、キリストの肉体としての体が、世界中に広がるからではなく、我々がキリストと共に天に引き上げられるからである。イエス・キリストは、既に全き神であり、その聖的な性質は既に天にも地にも満ちており、我々は、何もキリストに加えるものはない。その代わりに、キリストに結ばれているので、天の次元を我々の命に今、既に加えつつ、我々は広げられていく。(4)

スミットは、このことが、神が我々にお与えになった「偉大な交換」とカルヴァンが呼ぶところのものであると、付け加えている。

……我々と共に人の子となることは、我々をキリストと共に神の子とするものであり、この世への降臨によって、我々を天に上げることを準備してくださり、我々の死ぬべき体を取って、ご自身の不死を我々に与え、我々の弱さを受け入れて、ご自身の力で強めていただき、我々の貧しさをご自身の内に受け入れて、ご自身の豊かさに変えて我々に注いでくださり、我々のキリストに対する不正のおもり——それは、我々を圧迫している——を取って、我々に正義という着物を着させてくださる。[5]

スミットは、参加、または、結びつきという用語を用いて、「キリストとの結びつきが実をもたらすことから、この交換は、晩餐に参加することによって起こる」と、断言している。[6] 我々が成すべき最も必要なことは、傷つき、破れ、哀しむ神の民として、できるだけ主の晩餐式に参加して、我々をすべての面で満たしてくださる主であり、共感してくださる救いの祭司との絆と交わりを、いつも新しくすることである。キリストが再臨するまで、このように週毎、年毎、キリストを見つめるようなことなしには、我々は、何によっても慰められたり、形づくられたり、変容されることはない。

聖書、特に嘆きの歌を注意深く読むこと

本書において勧めてきた現実主義的なこと、感情に正直であることは、聖書的な人間学の一般的な枠組みの中で理解されているように、真に人間であるということに対して真実である。このことは、聖書にも――特に、詩編に――反映されている。詩編の4割は嘆きの歌であり、日常のこととして、詩編を読むことは有益である（私は、14歳から毎日詩編を読んでいるが、これによって、大いに養われた）。本書の序章で、哀しみのよい形として、ブルッゲマンが嘆きの歌を語っていることについて書いた。詩編は、我々の悲しみに対して、知的、神学的、情緒的、そして祈りを呼び覚ます形を与える。急性の

哀しみの段階で、私が深く動かされた一つの詩編は、詩編16であった。感情的に生々しく、真正でありながらも、それをはるかに超えるものであった。それは、創造の偉大な神の慰めと、個人的な「私と神」の関係における契約を思い起こさせ（1―2節）、そのことは、喜びと信頼の経験によって示された（5―7節）。神の共同体の慰めを呼び覚まし（3節）、悲しみのリアリティから遠ざける散漫を警告し（4節）、復活の希望を起こさせる（9―11節）。

詩編16編　ミクタム。ダビデの詩

1 神よ、守ってください　あなたを避けどころとするわたしを。
2 主に申します。「あなたはわたしの主。あなたのほかにわたしの幸いはありません。」
3 この地の聖なる人々　わたしの愛する尊い人々に申します。
4 「ほかの神の後を追う者には苦しみが加わる。わたしは血を注ぐ彼らの祭りを行わず
彼らの神の名を唇に上らせません。」
5 主はわたしに与えられた分、わたしの杯。主はわたしの運命を支える方。
6 測り縄は麗しい地を示し　わたしは輝かしい嗣業を受けました。
7 わたしは主をたたえます。主はわたしの思いを励まし
わたしの心を夜ごと諭してくださいます。

8 わたしは絶えず主に相対しています。主は右にいまし
わたしは揺らぐことがありません。
9 わたしの心は喜び、魂は躍ります。
からだは安心して憩います。
10 あなたはわたしの魂を陰府に渡すことなく
あなたの慈しみに生きる者に墓穴を見させず
11 命の道を教えてくださいます。
わたしは御顔を仰いで満ち足り、喜び祝い
右の御手から永遠の喜びをいただきます。

文学的、または、音楽的な見出しである「ミクタム。ダビデの詩」は、巨大な危機や、命の脅威を表す、ダビデの祈りの「そと書き」だけに出てくるもので（例えば、詩編56–60篇）、この意味は確かではない。この詩編は、死または喪失が予想される場面で、安全と避難の必要性の表現で始まる。言葉と内容から、別の学者たち（例えば、エヴァルト[7] Georg Heinrich Ewald, 1803 – 1875）は、この詩編がバビロン捕囚の時期に書かれたとしている。[8] おそらくダビデが最初の詩編を書き、後に、編集されたものであろう。そのことは、ここではあまり関係がない。この詩編は、命のもろさを感じ、逃げ場を叫び

求め、そして見つけた、ある者によって書かれたものである。

喪失後一年経った時、私は母教会で、悲しみと喪失のテーマで、この詩編から説教をした。その後、この詩編は、死の危険の真只中で、逃げ場を求めた詩編であると、ジョン・ステック（John Henry Stek, 1925 - 2009）が書いていることに、初めて気が付いた。[9] 私が急性の哀しみにあるとき、この詩編を読んで力を得た理由が、このことによって納得できた。確かに死は、9―11節の基調として流れているリアリティのように思われる。このジレンマは、究極的にはキリストの復活において、それ故、神の民すべてのキリストにある希望において解決する。[10] この詩編は、死が未だ滅ぼされていない堕罪した被造物における、人間の命を特徴づける「悲しみ」についても、はっきりと語る。それは、これらの悲しみ――神の民を含めて、すべての者の運命である――は、回避、もしくは素早い安心を約束するが、決して実行しない偶像や、壊れた水溜め[訳注1]を追い求めることによって、「増幅」され得ることを認める。この作者は、我々の感情に直面して、慣れるだけではなく、祈りの中で、それらと共に神の元へ走ることが出来るという考えのもとに書いた。悲嘆に対するよいカウンセリングは、モットーとして、悲しさを避けるのではなく、それを通り抜けることを掲げている。詩編16は、それに合致するものである。

9―11節は、死が最後のものではないとして、我々を安心させるものである。体は死んでも、続いており、安心して休み（9節）、死においても神がそこに居てくださり（10節）、そして復活する（11

節）と語る。永遠の命の中で、神が共に居てくださることの喜び、命、喜びを我々は共有する（11節）。これらの節によって私は安心を得る。たとえそれがたんに予想されているに過ぎないとしても、死は、この詩編の主要課題であり、最も明確な危険であり、逃げ場が最も明確に必要な出来事であり、解決すべき最も明確な問題であることを示している。

五旬節でペトロが、詩編16の9－11節を用いて説教をした時、(訳注2)ペトロは、ダビデは死んでおり、その当時、彼の墓はエルサレムで見ることができたことから、詩編16はダビデにおいて成就しなかったと訴えた。ペトロは、この詩編の最終的な意味と成就は、キリスト論であることを証明した。五旬節の後、使徒たちは、キリストが死に打ち勝って復活させられ、故に、キリストにあるすべての者も復活にあずかるという教義を深めていった。贖われた新しい者は皆、最後のアダムは皆、復活するであろう。歴史を遡ると、旧約聖書の聖人であり、神が約束された者の一人であるダビデもまた然りである。遡ると、彼は、キリストにおける神の民の群れにおり、他方、歴史を前向きに見ると、十字架の後にやって来た我々はなおさらのことである。ダビデは詩編16を書いた時、このことを信仰によって見ていたと私は見ているが、このことについての明確な証拠を持ち合わせていない。

新約聖書はこの9－11節を、ダビデよりも偉大な御子であり主である、イエスの死と復活のために用いているが、このことによって、死についての最終的な解決は、イエスの死、復活、昇天、そして最後の復活におけるキリストの再臨にあるということを、確信することができる。イエスの死は、その棘と恐れを取り去るために、死を滅ぼしたのである。だが、十字架と復活によってなされた十全な滅ぼしは、キリストの再臨まで、完全であるとは言えない。この「中間期」においては、「敵」（Iコリント15章26節）と、それとの出会いは、我々に、深刻な影響を与えている。イエスに従う者は、いかなる状況に出会おうとも、この詩編から慰めを得ることができる。

この詩編は、世界における神の業の大きな物語の広い場面の中で、我々が死に遭遇する物語の場面を設定するものである。この大きい物語は、我々の小さな物語のすべてにおいて、喪失と悲嘆に対して苦闘するときに必要な枠組みを提供する。ここで、我々は死に対する悲しみと復活のための贖いを見る。

このことは、私が詩編全般から得た一つのメッセージであるが、詩編に対するすべての出会いが、このように壮大であるとは限らない。私は、詩編の御言葉そのもの、あるいは私の思いつきの解釈を用いて祈ることが役立つこと、そして、そうすることによって、私が神を不快にする恐れなしに、詩編作者のすべての感情の中に入るよう努力する上で役立つことを見出した。これらは、悲しみ、怒り、苦悩、後悔、悔い改め等を喜びへと変えることを含むものである。

孤独（solitude）

私が役立つと思った二番目の実践は、独りでいることである。このことは、通常、沈黙をともなう。

私自身は、他の人と一緒にいることと同じくらい、孤独を楽しむ。それは、長さや、きつさとは関係がない。シャロンが亡くなったとき、最初のころ、ほとんどいつも孤独であった。娘のハザーは、私がそれほど孤独ではないことを気づかせようと、自分のことを顧みずに気を使ってくれた。だが、悲しみの旅路を進んで行くにつれ深い魂の運動は、主に、日常の活動と気晴らしや、さらには霊的な仕事によってさえも、容易に覆うことができるので、時間だけが必要であった。このことにおいて、私は、ルース・ヘイリー・バートン（Ruth Haley Barton, 1960 –）が書いた、孤独に対する彼女の初期の戦いに共感を覚える。彼女は、孤独について、「今日まで、私の霊的な人生の中で、唯一の最も意味があるもの」と書いており、初期の戦いを次のように認識している

一方、孤独と沈黙は、私にとって、いつも課題であった。もっと自発的にこの修練に入るようにという神の招きを初めて受け入れてから、既に10年以上の年月が経っているが、魂の深い空虚な場所を満たすこれらの時間のためのスペースを守ることは、今もって私の課題である。あなた方と同じように、世俗的な文化や、何かを行っているよりは非生産的な時間を、公然と、あるいはひそかに見くびっている宗教的なサブカルチャーの影響に対してさえも闘っている。そして、私が知るべきだと思う以上に神の奥義に通じようとして、静かな場所で闘っている。今では、世の中の力に対する私の闘いを非難しないだけの分別がある。私は、容易に誘惑される内なる私自身

の悪魔――うまく演じて、能力があり（少なくとも！）、生産的で、文化的で、バランスが取れていると見られたいという欲望――をもっていることに、これまで以上に気づいている。私は、これらの悪魔とまだ戦っている。……しかし、このような挑戦の中で、神の招きを経験し続けることは、何と素晴らしいことか！

そして、ヘイリー・バートンは、孤独と沈黙の実際の定義について、次のように述べている。

それは、我々の生活の喧噪と多忙の外側で待っておられるお方との親密な関係に、もっと深く招き入れられるという招待である。我々の気づきが散漫によって鈍くなった時でさえも、いつも共に居てくださるお方との対話と交わりへの招待である。我々の存在の深い所で、霊的な変容の冒険――我々がまだ経験していない、より大きな自由、真正、神への降伏をもたらす冒険――への招待である。(11)

大きな困難と喪失の時期が、大きな霊的、情緒的な和らぎと、さらには主の存在に対する感受性の増加へと導くことを、私は経験した。三十代の深刻な鬱、五十代のシャロンの喪失は、このような性格をもつものであった。だが、同時に、この世の忙しい活動と業績への、あるいは、それでよいのだという誘惑があり、それらは、私の柔らかい心と、感受性を閉ざすようにと私に迫った。生活が沈黙に慣れるように、私自身を訓練するためには、神が存在しておられるという感覚を、日常の生活の中で維持することが今も必要であり、私は、それを回復するために、島にある私の家にしばしば避難している。孤独と沈黙への沈潰は、己の感情を見出し、思考や愛着を整えるようにするだけではない。これらのすべてを超越するキリストに出会うことであり、このことは、キリストが整えてくださる。悲しみや哀しみを通して、我々はキリストの元へと行く。そここそが、我々の壊れた心が行くところなのだ。キリストは、我々を決して見捨てない。そして、昨日も、今日も、永遠に変わることがない。

注釈

1 Smit, "*Developing a Calvinist Sacramental Theology*", 9.
2 Hastings, "*The Bread That We Break*", 251.
3 Smit, "*Developing a Calvinist Sacramental Theology*", 9.
4 前記、10.
5 Calvin, "*Institutes*", IV.xvii.2.
6 Smit, "*Developing a Calvinist Sacramental Theology*", 10.
7 Ewald, "*Commentary on the Psalms*", 15.
8 これらの著者が、このように考える理由は、後半の節で復活についての明確な表現があり、この教義は旧約の捕囚以前にはなかったことによる。だが、Delitzsch は、復活は捕囚以前には見られなかったことを認めつつも、信仰の勇敢な仮説として、ダビデの詩編に現れない理由はないと仮定している。この詩編は、命と神、神のない命とのアンチテーゼを表しているのであって、現世と来世ではないという Cheyne の主張は、この詩編の新約的解釈に真っ向から反対する。

9 Stek, Psalms commentary in "*NIV Study Bible*", 799.

10 使徒言行録2章25—28節、13章35節を参照のこと。詩編16編がそのように解釈されている。

11 Barton, "*Invitation to Solitude and Silence*", 15-16。他の霊的な訓練について、最も役に立ち、恵みに満ちた処置については、同じ著者による "*Sacred Rhythms: Arranging Our Life for Spiritual Transformation*" がある。

訳者注釈

1 聖書時代、イスラエル人は地中や岩の中に水溜めを造って、長い乾期に備えた。「壊れた水溜め」はエレミヤ書2章13節に記載があるが、役に立たないおろかなものの譬え。

2 詩編16編9—11節に対応する使徒言行録(2章25—28節)の記載は、やや異なっている。この違いについて、詩編がヘブライ語で書かれているのに対して、使徒言行録を書いたルカは、ギリシア語による70人訳によって書いたことによるのではないかと、訳者は考えている(聖書学者でない訳者の勝手な推測なので、このことについては、要、確認)。そのことは別としても、使徒言行録では、「私は、いつも目の前に主を見ていた。主が私の右におられるので、私は決して動揺しない。だから、私の心は楽しみ、舌は喜びたたえる。体も希望のうちに生きるであろう。あなたは、私の魂を陰府に捨てておかず、あなたの聖なる者を朽ち果てるままにしておられない。あなたは、命に至る道を私に示し、御前にいる私を喜びで満たしてくださる」となっており、この方が、本書の著者であるヘイスティングスが、ここで伝えようと意図していることについて、より明確に伝わってくるように思われる。

参考文献

Ainsworth, M. D., et al., "*Patterns of Attachment: A Psychological Study of the Strange Situation*", Hillsdale, NJ: Erlbaum, 1978.

Anderson, Ray S., "*On Being Human: Essay on Anthropology*", Pasadena, CA: Fuller Seminary Press, 1982.

Attig, Thomas, "*How We Grieve: Relearning the World*", New York: Oxford University Press, 1996.

Autton, Norman, "*The Pastoral Care of the Dying*", London: SPCK, 1966.

Balk, David E., "*Grief Counseling without the Grief: A Readable Text for Beginning Counselors*" (A Review of "*Principles and Practice of Grief Counseling*" by Howard R. Winokuer and Darcy L. Harris). "Death Studies", 38(2014) 346-48.

Barber, P., "*Becoming a Practitioner/Researcher: A Gestalt Approach to Holistic Inquiry*", Oxford: Libri, 2006.

Barth, Karl, "*The Christian Life. Church Dogmatics IV/4*": Lecture Fragments. Translated by Geoffrey W. Bromiley. Reprint. Grand Rapids: Eerdmans, 1981.

———"*Church Dogmatics*", 14 vols. Edited by G.W. Bromiley and T.F. Torrance. 2nd ed. Edinburgh: T.& T. Clark, 1936-77.

Bartholomew K. and P. Shaver, "*Methods of Assessing Adult Attachment: Do They Converge?*", in "*Attachment Theory and Close Relationships*", edited by J.A. Simpson and S.W. Rholes, 25-45. New York: Guilford, 1998.

Barton, Ruth Haley, "*Invitation to Solitude and Silence: Experiencing God's Transforming Presence*". Downers Grove, Il: IVP, 2010.

———"*Sacred Rhythms: Arranging Our Lives for Spiritual Transformation*". Downers Grove, Il: IVP, 2006.

Berkhof, Hendrikus, "*Christian Faith: An Introduction to the Study of Faith*". Translated by Sierd Woudstra. Grand Rapids: Eerdmans, 1979.

Boerner, K., C. B. Wortman, and G. A. Bonanno, "*Resilient or at Risk? A 4-Year Study of Older Adults Who Initially Showed High or Low Distress Following Conjugal Loss*". The Journals of Gerontology Series B: Psychological Sciences and Social Sciences 60 (2005) 67-73.

Bonanno, George A., "*Loss, Trauma, and Human Resilience: Have We Underestimated the Human Capacity to Thrive after Extremely Aversive Events?*" American Psychologist 591 (2004) 20-28.

Bonanno, George A. et al., "*Resilience to Loss and Chronic Grief: A Perspective Study from Pre-loss to 18 Months Post-Loss*", Journal of Personality and Social Psychology 83-5 (2002) 1150-64.

Bowlby, John, "*Attachment*", Attachment and Loss 1, New York: Basic, 1980.

———"*Loss*", Attachment and Loss 3, New York: Basic, 1980.

———"*The Making and Breaking of Affectional Bonds*", London: Tavistock, 1979.

———"*A Secure Base: Parent-Child Attachment and Healthy Human Development*", New York: Basic 1988.

———"*Separation*", Attachment and Loss 2, New York: Basic, 1973.

Brandon, L. Laurence, "*Treasures in the Darkness: Letting Go of Pain, Holding on to Faith*", Nashville TN: Abingdon, 2013.

Bretherton, Luke, "*Hospitality as Holiness: Christian Witness amid Moral Diversity*", Aldershot, UK: Ashgate, 2006.

Bruce, F. F., "*The New Testament Documents: Are They Reliable?*", 6th ed., Grand Rapids: Eerdmans, 2003.

Brueggemann, Walter, "*The Formfulness of Grief*", In Atla Serials, https://korycapps.files.wordpress.com/2012/11/w-brueggemann_-the-formfulnes-of-grief.pdf.

Buber, Martin, "*The Knowledge of Man*", London: Allen and Unwin, 1965.

Calvin, John, "*Institutes of the Christian Religion*", 1559, 1-2. Translated by Ford Lewis Battles, edited by John T. McNeil. The Library of Christian Classics, 20-21. Philadelphia: Westminster, 1960.

———"*How Christ Is the Mediator: A Response to the Polish Brethren to Refute Stancaro's error*". Translated by Joseph N. Tylenda, in "*Christ the Mediator: Calvin versus Stancaro*", by Joseph N. Tylenda, Calvin Theological Journals 8.1 (1973), 11-16.

Canlis, Julie, "*Calvin's Ladder: A Spiritual Theology of Ascent and Ascension*", Grand Rapids: Eerdmans, 2010.

Carhart-Harris, Robin L., et al., "*Mourning and Melancholia Revisited: Correspondences between Principles of Freudian Metapsychology and Empirical Findings in Neuropsychiatry*", Annales of General Psychiatry, 7.9 (2008), 1-23.

Catherine of Siena, "*The Dialogue*", Classics of Western Spirituality, New York: Paulist, 1980.

Center, C, "*Grief and Loss*", 2007, www.counselingcenter.illinois.edu.

Clewell, Tammy, "*Mourning Beyond Melancholia: Freud's Psychoanalysis of Loss*", J. Am. Psychoanal. Assoc., 52 (2004), 43-67.

Crabb, Larry, "*Connecting: Healing Ourselves and Our Relationships*", Nashville, TN: Thomas Nelson, 2005.

Cunningham, David, "*These Three Are One: Practice of Trinitarian Theology*", Oxford: Blackwell, 1998.

Currier, Joseph M., Jason M. Holland, and Robert A. Neimeyer, "*Sense-Making, Grief, and the Experience of Violent Loss: Toward a Mediational Model*", Death Studies 30 (2006), 403-28.

Currier, Joseph M. et al., "*Bereavement, Religion, and Posttraumatic Growth: A Matched Control Group Investigation*", Psychology of Religion and Spirituality, 5.2 (2013) 69-77.

Currier, J. M., R. A. Neimeyer, and J.S. Berman, "*The Effectiveness of Psychotherapeutic Interventions for the Bereaved: A*

Comprehensive Quantitative Review", Psychological Bulletin, 134 (2008), 648-61.

Delitzsch, Franz, "*Commentary on the Book of Psalms, 1*", translated by David Eaton and James Duguid, New York: Funk and Wagnalls, 1883.

Derrida, Jacques, "*The Work of Mourning*", translated by Pascal-Anne Brault and Michael Naas, Chicago: University of Chicago Press, 2001.

Doka Kenneth J., and Amy S. Tucci, eds., "*Beyond Kubler-Ross: New Perspective on Death, Dying, and Grief*", Washington DC: Hospice Foundation of America, 2011.

Doka Kenneth J., ed., "*Living with Grief: Before and After the Death*", Washington, DC: Hospice Foundation of America, 2007.

Eadie John, "*Commentary on the Epistle of Paul to the Ephesians*", Minneapolis: James and Klock Christian, 1977.

Eagan, G., "*The Skilled Helper*", 4th ed., Pacific Grove, CA: Brooks/Cole, 1990.

Ellithorpe, Anne-Marie, "*Teresa of Avila and Authentic Friendship*", paper presented at AAR/SBL/ASOR Pacific Northwest Region, Portland, Oregon, March 27, 2015.

Ewald, G., Heinrich A. v., "*Commentary on the Psalms*", translated by E. Jonson, "*Commentary on the Poetical Books of the Old Testament 1*", London: Williams and Norgate, 1880-81.

Fiddes, Paul S., "*The creative Suffering of God*", Oxford: Clarendon, 1988.

Fishman, Alyssa, "*Grief Counseling without the Grief: A Readable Text for Beginning Counselors*", Death Studies 38.5 (2013), 346-48.

Friedman, M., "*Reflection on the Buber-Rogers Debate*", Journal of Humanistic Psychology, 34 (1994) 46-65.

Freud Sigmund, "*Mourning and Melancholia*", in "*The Standard Edition of the Complete Psychological Works of Sigmund*

Freud, xiv", translated by James Strachey, 239-60. London: Hogarth, 1914-16.

Grenz, Stanley J., and Roy D. Bell, "*Betrayal of Trust: Confronting and Preventing Clergy Sexual Misconduct*", 2nd ed., Grand Rapids: Baker, 2001.

Gunton, Colin, "*The Promise of Trinitarian Theology*", 2nd ed., London: T.& T. Clark/Bloomsbury, 1997.

Hastings, William Ross, "*The Life of God in Jonathan Edwards: Towards an Evangelical Theology of Participation*", Minneapolis: Fortress, 2015.

———"*Missional God, Missional Church: Hope for Re-evangelizing the West*", Downers Grove, Il: IVP Academic, 2012.

Haugk, Kenneth C., "*Don't Sing Songs to a Heavy Heart: How to Relate to Those Who Are Suffering*", St. Louis, MO: Stephen Ministries, 2004.

Hinton, Clara, "*Silent Grief*", Green Forest, AZ: New Leaf, 1997.

Holland, Jason M., and Robert A. Neimeyer, "*Reducing the Risk of Burnout in End-of-Life Care Settings: The Role of Daily Spiritual Experiences and Training*", Palliative & Supportive Care, 3 (2005), 173-81.

Holmes, Stephen R., "*The Quest for the Trinity: The Doctrine of God in Scripture, History, and Modernity*", Downers Grove, Il: IVA Academic, 2012.

Holmes, Thomas H., and Richard H. Rahe, "*The Social Readjustment Rating Scale*", *Journal of Psychosomatic Research*", 11 (1967), 213-18.

Houston, James, "*The Transforming Friendship*", 1991, Reprint. Carol Stream, Il: NavPress, 1996.

———Lectures in "*Trinitarian Spirituality*". Unpublished. Regent College, 1989.

Hunsinger, George, "*The Bread That We Break: Toward a Chalcedonian Resolution of the Eucharist Controversies*", The Princeton Seminary Bulletin XXIV, 2 82003), 241-58.

Johnson, Sue, "*Hold Me Tight: Seven Conversation for a Lifetime of Love*", New York: Little, Brown and Company, 2008.

Joseph, Stephen, and P. Alex Linley, "*Positive Adjustment to Threatening Events: An Organismic Valuing Theory of Growth through Adversity*": Review of General Psychology, 9 (2005), 262-80.

Kaplan, H., B. Sadock, and J. Grebb, "*Kaplan and Sadock's Synopsis of Psychiatry*", 7th ed., Baltimore, MD: Williams and Wilkins, 1994.

Kelley Melissa, "*Grief: Contemporary Theory and the Practice of Ministry*", Minneapolis: Fortress, 2010.

Kirkpatrick, Lee, "*Attachment, Evolution, and the Psychology of Religion*", New York: Guilford, 2005.

———"*Attachment and Religious Representations and Behavior*", in "*Handbook od Attachment: Theory, Research, and Clinical Applications*", edited by J. Cassidy and P. R. Shaver, 803-22, New York: Guilford, 1999.

Kirschenbaum, H., and V. Land Henderson, eds., "*The Carl Rogers Reader*", London: Constable, 1990.

Koenig, Harold G., Kenneth I. Pargament, and Julie Nielsen, "*Religious Coping and Health Status in Medically Ill Hospitalized Older Adults*", The Journal of Nervous & Mental Disease, 186 (1998), 513-21.

Konigsberg, Ruth Davis, "*New Ways to Think about Grief*", TIME, January 29, 2011, 1-4. http://content.time.com/time/magazine/article/0,917,2042372-1,00.html.

———"*The Truth about Grief: The Myth of Its Five Stages and the New Science of Loss*", New York: Simon & Schuster, 2011.

Krupnick, Janice I., "*Bereavement during Childhood and Adolescence*", in "*Bereavement: Reactions, Consequence, and Care*", edited by M. Osterweis, F. Solomon, and M. Green, 97-142. Washington, DC: National Academic Press (US), 1984.

Krantzler, Mel., "*Creative Divorce*", New York: New American Library, Signet, 1971.

Larson, Dale G., "*Taking Stock: Past Contributions and Current Thinking on Death, Dying, and Grief*", Death Studies, 38.5, (2014), 349-52.

Laurie, Anna, and Robert A. Neimeyer, "*African Americans in Bereavement: Grief as a Function of Ethnicity*", OMEGA-Journal of Death and Dying, 57 (2008), 173-91.

Lazar, Aryeh, and Jeffrey P. Bjorck, "*Religious Support and Psychosocial Well-being among a Religious Jewish Population*", Mental Health, Religion & Culture, 11 (2008), 403-21.

Lennox, John, "*God's Undertaker: Has Science Buried God?*", Oxford: Lion, 2009.

Lewis, C. S., "*The Great Divorce*", 1961. Reprint. New York: Harper Collins, 2009.

———"*A Grief Observed*", 1961. Reprint. New York: Harper Collins, 2009.

Lindemann, E., "*Symptomatology and Management of Acute Grief*", American journal of Psychiatry, AJP (1944), 141-48.

Lussier, Martine, "*Mourning and Melancholia: The Genesis of a text and of a Concept*", International Journal of Psychoanalysis, 81 (2000), 667-86.

Martz, Erin, and Hanoch Livneh, eds., "*Coping with Chronic Illness and Disability: Theoretical, Empirical, and Clinical Aspects*", New York: Springer, 2007.

McCormack, Bruce, "*Karl Barth's Critically Realistic Dialectical Theology: Its Genesis and Development 1909-1936*", Oxford: Oxford University Press, 1995.

McFadyen, Alistair, "*The Call to Personhood: The Christian Theory of the Individual*", Cambridge: Cambridge University Press, 1993.

———"*The Trinity and Human Individuality: The Conditions for Relevance*", Theology, 95 (1992), 10-18.

Mitsch, Ray, and Lynn Brookside, "*Grieving the Loss of Someone You Love: Daily Meditations to Help You through the*

Grieving Process", Ann Arbor, MI: Vine, 1993.

Moltmann, Jurgen, "*The Crucified God: The Cross of Christ as the Foundation and Criticism of Christian Theology*", Minneapolis: Fortress, 1993.

———"*God in Creation*" (The Gifford Lectures, 1984-1985), Minneapolis: Fortress, 1993.

———"*The Trinity and the Kingdom*", San Francisco: Harper & Row, 1981.

Moule, Handley C.G., "*Studies in Ephesians*", Grand Rapids: Kregel, 1977.

Murphree, Jon Tal, "*The Trinity and Human Personality: God's Model for Relationships*", Nappanee, IN: Evangel, 2001.

Neimeyer, R. A., H. G. Prigerson, and B. Davis, "*Mourning and Meaning", American Behavioral Scientist*", 46. 2 (2002), 235-51.

Neimeyer, Robert A., and D. C. Sands, "*Meaning Reconstruction in Bereavement: From Principles and Practice*", in "*Grief and Bereavement in Contemporary Society Bridging Research and Practice*", edited by R.A. Neimeyer, D. L. Harris, H. R. Winokuer, and Gordon F. Thornton, 9-22, New York: Routledge, 2011.

Neimeyer, Robert A., "*Grief and Bereavement in Contemporary Society: Bridging Research and Practice*", New York: Routledge, 2011.

———"*Meaning Reconstruction and the Experience of Loss*", Washington, DC: American Psychological Association, 2001.

———"*Narrative Strategies in Grief Therapy*", "*Journal of Constructive Psychology*", 12 (1999), 65-85.

Neuhaus, Richard John, ed., "*The Eternal Pity: Reflections on Dying*", Notre Dame, IN: University of Notre Dame Press, 2000.

Newbigin, Lesslie, "*The Trinity as Public Truth*", in "*The Trinity in a Pluralistic Age*", edited by Kevin Vanhoozer, 1-8,

Grand Rapids: Eerdmans, 1997.

Nouwen, Henri, "*Bread for the Journey: A Daybook of Wisdom and Fait*h", Reprint. New York: HarperCollins, 2006.

Oden, Thomas, "*Pastoral Theology: Essentials of Ministry*", San Francisco: HarperOne, 1983.

O'Donovan, Olive, "*Resurrection and the Moral Order*", 2nd ed., Leicester, UK: Apollos, 1994.

Osteweis M., Solomon F, and Green M., eds., "*Bereavement: Reactions, Consequences, and Care*", Washington, DC: National Academies Press (US), 1984 (Chapter 5 is found at http://www.ncbi.nlm.nih.gov/book/NBK217842/).

Packer, J.I., and Richard Baxter, "*A Grief Sanctified: Passing through Grief to Peace and Joy*", Ann Arbor, MI: Vine, 1997.

Pannenberg, Wolfhart, "*Anthropology in Theological Perspective*", Philadelphia, Pennsylvania: Westminster, 1985.

———"*Basic Questions in Theology 1-2*", translated by G. H. Kehn, London: SCM, 1970.

———"T*he Reconciling Power of the Trinity*", Geneva Conference of European Churches, C. E. C. Occasional Paper 15. Geneva: C. E. C., 1983.

Pargament, Kenneth I., Harold G. Koenig, and Lisa M. Perez, "*The Many Methods of Religious Coping: Development and Initial Validation of the RCOPE*", Journal of Clinical Psychology, 56 (2000), 519-43.

Pargament, Kenneth I., "*The Psychology of Religion and Coping: Theory, Research, Practice*", New York: Guilford, 1997.

Parkes, Colin Murray, "*Bereavement*", New York: International University Press, 1972.

Pembroke, Neil, "*Space in the Trinity and Pastoral Care*", Journal of Pastoral Care and Counselling", 65.2 (2011), 3.1-10.

Pinnock, Clark, "*Set Forth Your Case: Studies in Christian Apologetics*", Nutley, NJ: Craig, 1968.

Polanyi, Michael, "*The Tacit Dimension*", New York: Doubleday, 1966.

Plantinga, Cornelius, "*Not the Way It's Supposed to Be: A Breviary of Sin*", Reprint. Grand Rapids: Eerdmans, 1999.

———"*The Threeness/Oneness Problem of the Trinity*", Calvin Theological Journal, 23 (1983), 37-53.

Polkinghorne, John, "*Science and the Trinity: Christian Encounter with Reality*", New Heaven: Yale University Press, 2004.

Price, Daniel J., "*Issues Related to Human Nature, Discovering a Dynamic Concept of the Person in Both Psychology and Theology*", Perspectives on Science and Christian Faith, 45 (1993), 170-80, The American Science Affiliation: http://www.asa3.org/ASA/PSCF/1993/PSCF9-93Price.html.

———"*Karl Barth's Anthropology in Light of Modern Thought*", Grand Rapids: Eerdmans, 2002.

Purves, Andrew, "*Reconstructing Pastoral Theology: A Christological Foundation*", Louisville, KY: Westminster John Knox, 2004.

Roberts, Justin M, "*Behold Our God: Contemplative Theology for the Soul*", Eugene, OR: Wipf and Stock, 2014.

Rohr, Richard, "*An Appetite for Wholeness: Living with Our Sexuality*", Sojourners, November 182, 30.

Rogers, Carl, "*The Necessary and Sufficient Conditions of Therapeutic Personality Change*", in "The Carl Rogers Reader", edited by H. Kirschenbaum and V. Land Henderson, 219-35, London: Constable, 1990.

Roos, Susan, "*Chronic Sorrow and Ambiguous Loss: Gestalt Methods for Coping with Grief*", Gestalt Review, 17. 3 (2013), 229-39.

Roos, Susan, and Robert A. Neimeyer, "*Reauthoring the Self: Chronic Sorrow and Posttraumatic Stress Following the Onset of CID*", in "*Coping with Chronic Illness and Disability: Theoretical, Empirical, and Clinical Aspects*", edited by Erin Martz and Hanoch Livneh, 89-106, New York: Springer, 2007.

Ross, Ellen M., "*The Grief of God Images of the Suffering Jesus in Late Medieval England*", New York: Oxford University Press, 1997.

Saliers, Don, E., ed., "*Prayer: Barth*", 50th anniversary ed., Louisville, KY: Westminster John Knox, 2002.

Schwobel, Christoph, ed., "*Trinitarian Theology Today*", Edinburgh: T. & T. Clark, 1995.

Schwobel, Christoph, and Colin Gunton, eds., "*Persons Divine and Human*", Edinburgh: T. & T. Clark, 1991.

Shepherd, Andrew, and Steven Prediger, "*The Gift of the Other: Livinas, Derrida, and a Theology of Hospitality*", Eugene, OR: Pickwick, 2014.

Schmemann, Alexander, "*For the Life of the World: Sacraments and Orthodoxy*", 2nd ed., Crestwood, NY: St. Vladimir's Seminary Press, 1973.

Simpson, J. A., and S.W. Rholes, eds., "*Attachment Theory and Close Relationships*", New York: Guilford, 1998.

Sittser, Gerald Lawson, "*A Grace Disguised: How the Soul Grows through Loss*", Grand Rapids: Zondervan, 1996.

Smit, Laura, "*Developing a Calvinist Sacramental Theology*", Calvin Institute of Worship. http://www.calvin.edu/worship/idis/theology/sacraments/calvinist.php.

Smith, C., "*Unit 1 Live Session [Power point slides]*", 2012. www.breeze.careeredonline.com/p559890471/.

Smith, Wilbur M., "*Therefore Stand: Christian Apologetics*", Grand Rapids: Baker, 1965.

Stek, John H., "*Psalms Commentary*" in the NIV Study Bible, New International Version. Grand Rapids: Zondervan, 2002.

Stevens, R. Paul, "*Disciplines of Hungry Heart: Christian Living Seven Days a Week*", Wheaton, IL: Shaw, 1993.

Stix, Gary, "*The Neuroscience of True Grit*", Scientific American 304, March 2011, 28-33.

Stroebe, M. S., et al., eds., "*Handbook of Bereavement Research and Practice: Advances in Theory and Intervention*", Washington, DC: American Psychological Association, 2008.

Sullender, R. Scott, "*Grief and Growth: Pastoral Resources for Emotional and Spiritual Growth*", Mahwah, NJ: Paulist, 1985.

———"*Grief's Multi-dimensional Nature: A Review of Melissa M. Keller's Grief: Contemporary Theory and the Practice of Ministry*", Pastoral Psychol, 63 (2004), 113.

Sullivan, Harry Stack, ed., "*The Interpersonal Theory of Psychiatry*", New York: Norton, 1953.

———"*The Collected Works of Harry Stack Sullivan*", 2 vols., New York: Norton, 1953, 1956.

Sunderland, Ronald, "*Getting through Grief: Caregiving by Congregations*", Nashville, TN: Abingdon, 1993.

Switzer, David K., "*The Dynamics of Grief*", Nashville, TN: Abingdon, 1970.

Taylor, Jeremy, "*The Whole Works: with an Essay Biographical and Critical 1*", London: Westley and Davis, 1835.

Teresa of Avila, "*Book of Her Life*". The Collected Works of St. Teresa of Avila, Washington, DC: ICS, 1987.

———"*The Way of Perfection*", translated and edited by E. Allison Peers, Garden City, NJ: Doubleday, 1991.

Torrance, Alan, "*On Deriving Ought from Is: Christology, Covenant, and Koinonia*", in "*The Doctrine of God and Theological Ethics*", edited by Alan Torrance and Michael Banner, 167-190, Edinburgh: T. & T. Clark, 2006.

———"*Persons in Communion: Essay on Trinitarian Description and Human Participation*", Edinburgh: T. & T. Clark, 1996.

Torrance, James B., "*Worship, Community, and the Triune God of Grace*", Downers Grove, IL: IVP, 196.

Torrance, T. F., "*Calvin's Doctrine of Man*", Grand Rapids: Eerdmans, 1957.

———"*Reality and Evangelical Theology*", Philadelphia: Westminster, 1982.

Van Inwagen, Peter, "*And Yet They are Not Three Gods but One God*", in "*Philosophy and the Christian Faith*", edited by Thomas V. Morris, 241-78. Notre Dame, IN: University of Notre Dame Press, 1988.

Vanhoozer, Kevin, ed., "*The Trinity in a Pluralistic Age: Theological Essay on Culture and Religion*", Grand Rapids: Eerdmans, 1997.

Volf, Miroslav, "After Our *Likeness: The Church as the Image of the Trinity", Grand Rapids: Eerdmans*, 1998.

Wen, Clement Yung, "T*he Monergistic Theme of Participation in the Anthropological Soteriology of John Calvin: A Dialogue with Maximus the Confessor", Master of Christian Studies thesis, Regent College, 2011.*

*Westberg, Granger E., "*Good Grief", Philadelphia: Fortress, 1962.

Williams, Rowan, "*Teresa of Avila*", 1991, Reprint, London: Continuum, 2002.

William, Stephen, "*The Trinity and Other Religions*", in "*The Trinity in a Pluralistic Age: Theological Essays on Culture and Religion*", edited by Kevin Vanhoozer, 26-40, Grand Rapids: Eerdmans, 1997.

Winokuer, Howard Robin, and Darcy Harris, "*Principles and Practice of Grief Counseling*", New York: Springer, 2012.

Witvliet, Joh D., "*The Doctrine of the Trinity and the Theology and Practice of Christian Worship in the Reformed Tradition*", PhD diss., Notre Dame, 1997.

Wolterstorff, Nicholas, "*Lament for a Son*", Grand Rapids: Eerdmans, 1987.

Worden, J. William, "*Grief Counseling and Grief Therapy: A Handbook for the Mental Health Practitioner*", 4th ed., New York: Springer, 2009.

Wright, N.T., "*The New Testament and the People of God*", Minneapolis: Fortress, 1992.

———"*Surprised by Hope: Rethinking Heaven, the Resurrection, and the Mission of the Church*", New York: HarperOne, 2008.

Zunin, Leonard M., and Hilary Stanton Zunin, "*The Art of Condolence: What to Write, What to Say, What to Do at a Time of Loss*", New York: HarperCollins, 1991.

Zylla, Phillip Charles, "*The Roots of Sorrow: A Pastoral Theology of Suffering*", Waco, TX: Baylor University Press, 2012.

F

G

H

K

L

M

N

O

P

人名索引

た

な

は

事項索引

訳者あとがき

神にある人生は、不思議に満ちている。

カナダ・バンクーバーの病院で、本書の著者ヘイスティングス教授の奥様シャロンにガンの診断を下し、その後の治療に当たった医師が、奇しくも、遥かに遠く離れた母国スコットランドで、彼女が著者と結婚する前に看護師として勤務していた同じ病院の医師であった。現実主義者は、このことを、単なる偶然と片づけるかもしれない。だが、彼らを含めて、多くの人は、同郷や、同じ学校の卒業生というだけで、何らかの特別の感情を抱くのではないだろうか。彼女が、この医師との不思議な出会いの事実の中に、人知では、はかり知ることができない神の深い憐みを見、そのことが、その後の21か月にわたる、彼女の死に至るガン闘病において、大きな支えの一つになったと著者は記している。

著者と、一介の元化学研究者に過ぎない本訳者との出会いも、そのような出来事の一つであったように訳者には思われる。もう既に4年前のことであるが、それまで何ら面識もないある人から、突然メールが届いた。スパムメールかと思って破棄しようとしたが、念のため、メールにあったその人と、その所属先とされているリーゼント・カレッジを、ネットで検索した。ところが、驚いたことに、世界広しといえども、その大学が、私が半世紀前、化学の大学院生として留学した、バンクーバーのブリティッシュ・コロンビア大学と同じ敷地内にある神学大学で、その差出人がその神学大学の教授であることが判明したのである。ことの仔細は、拙著『今、よみがえる創世記の世界——進化論と聖書との対話』（ヨベル、2020年）のあとがきで、「思えば遠くへ来たもんだ——私の化学から神学への長くも不思議な旅」（181頁以下）と題する小文で書いたので、ここで繰り返すことはしないが、結果として、私は、専門の「化学」ではなく、「神学」の客員研究員として、新婚時代の4年間、妻と過ごしたあの懐かしい地バンクーバーで、4か月間、70代後半の老夫婦として、再び過ごすことになったのである。当の本人はもとより、誰が、このようなことを、かつて想像し得たであろうか。

ネット情報によると、その教授は、有名なスコットランドの聖アンドリュース神学大学で神学博士号を取られた神学者であるが、その前には、カナダのクイーンズ大学で訳者と同じ「化学」の分野で博士号を取られた科学者でもあった！　本書によれば、著者は、イギリス、アフリカ、カナダの各地で目まぐるしく住居を移し、57の言語（恐らく英語の方言を指していると思われる——「57」は、ハインツ社のケチャップ製品の口に書かれている「57の製品」をもじっている）をあやつるカメレオンのような人生（著者の言葉を借りれば）を送り、さらには11年間、牧師を務めた後、リーゼント神学大学の教授になられた。その間、人生を共に歩いてこられた最愛の奥様をガンで亡くされた。30代の前半と、奥様を亡くされた後の50代の前半に、著者が深刻な鬱病に罹患されたことも、本書には、包み隠さず記されている。

本書は、著者のそのようなバックグラウンドに基づいて書かれたもので、折々に、ご自身の体験が織り込まれて、本書を単なる神学書を超えて、生き生きとした説得力あるものにしている。人間は、人生の途上において、いろいろな喪失——両親、子ども、配偶者、友人の死はもとより、離婚、失恋、友情、等々——に出会うが、それは、必然的に悲しみ、痛み、苦しみを伴う。本書は、このような喪失と、それによってもたらされる嘆きの本質を、神学と科学（この場合、現代心理学）との対話を通して、まず明らかにし、そして、そこからの回復と、再生への実践的な処方を示そうとするものである。従来、このような問題に対しては、多くの他の分野と同様に、神学と科学は、それぞれ別個のものとして取り扱われてきた。

著者は、神学者として、我々人間が、神の似姿として神との関係の中に、そして男と女によって象徴される人間同士の関係の中に創造されたことに注目する。喪失は、この人間同士の関係が壊れることであり、その関係が深ければ深いほど、その悲しみ、痛みは大きい。神は、愛と慰め、憐みに富むお方であるが、堕罪によって、人間創造の基本である神との関係が破れた結果、人間は、その恩寵を十分に受けることができなくなった。だが、創造の神は、失った子どもを、つま先立ちで待って、手を広げて、走り寄って抱きしめる父なる神でもある。このことは、心理学の愛着理論における安全基地の考えに通じる。この、人間が根本的に関係的存在であることをベースとするとき、神学と科学（心理学）は、意味ある対話を始めることができ、その結果として、豊かな実を結ぶ。そしてさらに、心理学から導き出される処方箋を、聖書の教えに従って、確信をもって実践することができる。この実践は、悲しみを回避するものではなく、乗り越えるものであり、ヘブライ人への手紙12章を引用しながら、喪失は当初は辛く、悲しみに満ちたものであるが、苦難によって鍛え上げられた者を、義という平和の実へと導くと、著者は語る。

訳者は、この翻訳の作業中に、大切な友の死に遭遇した。本書によって、訳者自身、どれほど大きな癒しと慰めを得たことか、いくら強調しても強調しすぎることはない。また、遺されたご遺族の方への対応についても、多くの示唆を得ることができた。死は、誰にでも訪れることから一般性を帯びている。だが、それぞれの死は、一つとして同じものはなく、特殊である。本書が、それぞれの悲しみに出会った方々、そしてその癒しにかかわる方々に、少しでも役立つことができれば、訳者としてこれ以上の喜びはない。

最後に、本書の翻訳を勧めてくださり、その翻訳の遅さを根気よく忍耐していただいたヨベルの安田正人氏に深甚の感謝をささげたい。本書の著者であるヘイスティングス教授には、本書の翻訳を快くご承諾いただいたばかりでなく、リーゼント神学大学に客員研究員として本訳者の招聘に力を注いでいただき、そのお陰で、多くの優れた先生、スタッフ、学生との深い交わりを通して、訳者の霊的な成長への糧をいただくことができた。このことに対しても、ヘイスティングス教授と、その機会を与えていただいたリーゼント大学に心からの感謝を表したい。

2023年、クリスマスを前に

小山　清孝

著者略歴　**W. ロス・ヘイスティングス**（W. Ross Hastings）

スコットランド人である両親が宣教師として滞在していたアフリカ（ジンバブエ）で生まれる。ヨハネスブルグの大学を卒業後、南アフリカの高校で化学教師、さらにイギリスの高校で教鞭を取る傍ら校長を務めた。その後、クイーンズ大学（カナダ、オンタリオ州）で学び化学で博士号、さらにセント・アンドリュース大学（スコットランド）で神学博士号を取得。モントリオール、バンクーバーの教会で牧師を勤めた後、現在、リーゼント神学大学教授。
専門は、組織神学（特に三位一体の神学）、牧会神学、霊性の神学、キリスト教倫理、科学と神学など。これまでに、本書を含めて6冊の著書があり、2017年に出版された『Echoes of Coinherence: Trinitarian Theology and Science Together』は、その年のカナダで最高の学術書に贈られるグレース・アーウィン賞を受賞。

訳者略歴　**小山清孝**（おやま・きよたか）

福岡県出身（1943年生）；九州大学工学博士、ブリティッシュ・コロンビア大学 Ph. D.（化学）；トロント大学博士研究員を経て、日本の民間化学会社に就職（探索研究所長、法務・特許部長、ファインケミカル事業部部長等を歴任）；（社）日本化学工業協会にて国際業務室長（WTO、自由貿易協定等に関わる国際貿易；国連〈ILO、IMO等〉、OECD、ISOにおける化学品の安全管理に関わる国際調和等）；経済産業省貿易政策小委員会委員、経団連貿易と投資委員会委員、OECD産業諮問委員会委員、APEC化学産業部会委員等；“Enzyme Engineering 7”（The New York Academy of Sciences, 1984）、“Biocatalysis in Organic Media”（Elsevier, 1987）、“Biocatalytic Production of Amino Acids and Derivatives”（Hanser, 1992）、“Chirality in Industry”（John Wiley & Sons 1992）等、化学に関わる論文・総説・著書（共著）多数；小説「黎明よ疾く覚めて闇を打て」（ペンネーム：仰木 望、文芸社、2007）、船本弘毅編著『希望のみなもと —— わたしを支えた聖書のことば』（燦葉出版社、2012）、『**創造か進化か** —— 我々は選択せねばならないのか』『**今、よみがえる創世記の世界** —— 進化論と聖書との対話』（以上ヨベル、2020）
元山口大学工学部非常勤講師；リーゼント・カレッジ客員研究員（科学と神学）

悲しみに壊れた心はどこへ行くの？　―― 死との和解の神学

2024 年 1 月 20 日 初版発行

著　者 ―― W・ロス・ヘイスティングス
訳　者 ―― 小山清孝
発行者 ―― 安田 正人
発行所 ―― 株式会社ヨベル　YOBEL, Inc.
〒 113-0033 東京都文京区本郷 4-1-1-5F
TEL03-3818-4851　FAX03-3818-4858
e-mail：info@yobel. co. jp

印刷 ――中央精版印刷株式会社
装丁 ――ロゴスデザイン：長尾優

配給元 ―― 日本キリスト教書販売株式会社（日キ販）
〒 162 - 0814　東京都新宿区新小川町 9-1
振替 00130-3-60976　Tel 03-3260-5670

　ISBN978-4-911054-10-9 C0016

【本のひろば書評：2020年11月号】

「デニス〝進化論〟の手引書」、気迫あふれる書。

進化論問題に光！　進化論に悩む学生のテクストに最善の書。

小山清孝著『今、よみがえる創世記の世界——進化論と聖書との対話』

新書判・二〇八頁・定価一二一〇円

評者：**中澤啓介氏**

「進化論」に関しては、クリスチャンの間に意見の違いがある。しかし、どのような意見をもっていても、クリスチャンであるなら、『創造か進化か——我々は選択せねばならないのか』（デニス・アレクサンダー著、小山清孝訳、ヨベル、2020年）は必読書である。その内容については、「本のひろば」（2020年7月号）で、関野祐二師（日本福音主義神学会理事長）が的確に紹介している。それに付け加えねばならないことは、特にない。それゆえここでは、本の内容には立ち入らず、本書から私が受けた印象を述べてみたい。

私がこの書を初めて手にしたのは、2008年の秋、アメリカのロードアイランドで開かれた「福音主義神学会」だった。出版されたばかりの本が山積みにされ、飛ぶように売れていた。それを見て、つい私も、手を出してしまった。読み始めると止まらなくなり、学会そっちのけで読んだことを覚えている。

私は、高校1年の時にクリスチャンになった。以来、創造科学（60年代）、古い地球説（70年代）、宗教と科学の二重真理観（80年代）、ＩＤ説（90年代）などをさ迷いながら、今世紀に入りフランシス・コリンズの本に辿り着き、「バイオロゴス」のメンバーになった。デニスの書物に出会ったのは、丁度そのような時だった。

本を読み終わって、特に二つのことが印象に残った。一つは、「生物進化」の問題を扱いながらも、ビッグバンによる創造、太陽系の成り立ち、植物界や動物界の実相、人類史の概要、「神のかたち」の意味、人間創造の目的、アダムとエバとは誰か、エデンの園の実在地、堕落事件の結末、間違った原罪説、カイン時代の歴史的背景等々、福音理解に根源的な問題を真正面から論じていることである。二つ目は、専門の分子生物学に対する「学問的良心の厳しさ」である。「進化論」は、１５０年以上にわたって緻密な検証作業が積み重ねられた「学説」である。専門外の物理学者、数学者、宗教哲学者、弁証学者、神学者、牧師たちが、「進化論の専門家」の振りをして土足で踏み込んでくる無神経さを許してはいけない、そういう厳しさである。

この二つの印象については、6年後の再版本（2014年版、日本語訳の底本）を読んだときにも変わらなかった。再版の脚注には、査読を受けた信頼できる論文が、（初版本に比べ）倍以上掲載されている（そのほとんどは直近6年間のもの）。この事実だけでも、筆者の印象は間違っていなかったと思う。

先日、日本語に訳された『創造か進化か』を読んだ。見事で、実に分かりやすい翻訳である。訳者小山清孝師のご労は、大変なものだったと推測する。しかも訳者は、デニス師の書が広く・深く日本社会に浸透することを願い、『今、よみがえる創世記の世界』という書物をも著わされた。それは、誰もが気軽に読める「デニス〝進化論〟の手引書」である。といっても、それに留まらず、小山師独自の問題意識や研究成果も随所に見られ、日本人がもつ「進化論の躓き」を取り除きたいという「気迫」に溢れている。

多くの教会や伝道団体では、未だ、「進化論の問題」は解決済、とは言い切れない。ミッションスクールなどでも同じだ。まず若い方々が、『創世記の世界』を学び、それから『創造か進化か』に取り組んでほしい。二つの書物には、「世界の見方」と「聖書の読み方」を変える力がある。その見方の変革こそ、閉塞感に覆われている「日本宣教」の突破口になることは間違いない。

（なかざわ・けいすけ＝大野キリスト教会協力牧師）

【本のひろば書評：2020年7月号】

進化アレルギーとの決別へ道を拓く！

デニス・アレクサンダー　小山清孝訳

『創造か進化か――我々は選択せねばならないのか』Ａ５判上製・五〇四頁・定価二九八〇円

評者　**関野祐二氏**

聖書を誤りなき神のことばと信じ、その権威をことさら重んじる福音派陣営において、理数系出身のキリスト者は気を遣う。評者もその一人だが、理由は自然科学、とりわけ進化論の問題をどう扱うかが、言わば正統的福音主義の「踏み絵」化しているからである。この領域は、創世記一章二章の「地雷原」だから、たいせつなテーマと分かってはいても皆一様に口をつぐむし、ＣＳやユース世代の素朴な疑問にも、実のある応答を持ち得ないのだ。書籍の分野でその重い扉を最初にこじ開けたのは、大谷順彦『進化をめぐる科学と信仰』（すぐ書房、二〇〇一年）であろう。次がフランシス・コリンズ『ゲノムと聖書』（ＮＴＴ出版、二〇〇八年）、最近ではジョン・Ｈ・ウォルトン『創世記一章の再発見』（聖契神学校、二〇一八年）が加えられた。

世界的コロナ禍の国内終息目処が立たない中、分子生物学（免疫学・ゲノム学・遺伝学）および科学と宗教を専門領域とする、英国人デニス・アレクサンダー作の本書（原書初版二〇〇八年、第二版二〇一四年）が、民間のクリスチャン化学者によって翻訳出版された意義は大きく、また時宜に適っているであろう。ちなみに、原書初版の筆頭推薦者は前述のコリンズで、第二版にはウォルトンの当該書が数多く引用されているから、内容的に主張が同列であることは容易に想像がつく。

本書はまず、創世記の言語や慣用表現、文学ジャンル、文化的背景の王道から入り、創造の聖書的意義を確かめた上で、科学の教科書としてそれを読む不適切性を示す。第三章からは生物進化そのものを扱うが、本論の前に著者は、「進化」をイデオロギー的無神論と決めつけたり、進歩や発展の代名詞として用いる誤りを指摘し、「生物学的多様性の科学的説明」であると強調する。続く放射性同位元素による年代決定の信頼性実証、近年著しい発展を遂げた染色体・DNA・遺伝子研究の専門的記述は圧巻で、興味ある読者がわくわくする最新情報満載だ。進化とは生命体の遺伝子変異と自然選択の仕組みであり、いわゆる冷酷無慈悲な「自然淘汰と最適者生存の競争原理」とは別物。「我々の脳の形成においては、膨大な「自然選択」が関わっているのである」（一〇四頁）。種の形成と消滅、化石証拠の詳細な説明がこれに続く。

第六章では、進化と偶然、再現不可能性問題、熱力学第二法則との関係、外見上の古さ問題、眼の形成過程など、典型的な反進化論にひとつひとつ答える。創世記一章二章の解釈を踏まえた上で、神のわざとして進化を容認した過去のキリスト者を紹介し、同時に進化のイデオロギー的悪用の諸例を暴き出す。

第九章からは、アダムとエバとは何者なのか、創世記と進化生物学を対話させるキリスト者注目の内容で、死と堕落、神義論をも扱う。ＩＤ（知的設計）論の不適切性を論証した上で、生命の起源の科学的可能性に触れて締めくくられる。これだけ大部で徹底した創造論的進化論の書は過去に類例がない。挑戦的タイトルへの返答は、読んでのお楽しみだ。

本書の翻訳には、生物学と神学双方の専門知識と用語に精通した二刀流を求められるが、訳者は謙虚にその役を果たし、頻出する英語慣用句も、原書注とは別の訳注で説明がなされているので心地良い。後追いで刊行された、訳者書き下ろしの新書版エッセイを併せて読むなら、本書翻訳の背景物語がくっきり浮かび上がり、親しみが湧くだろう。

聖書を愛するキリスト者は、日々自然科学と科学技術の恩恵に首まで浸かりながら、ウイルス対策への応用は言うに及ばず、今や自然科学界の常識でもある生物進化論を、領域侵犯と思考停止で全否定する認知的不協和から、本書を通してそろそろ足を洗うべきではないか。進化アレルギーの治療には地道で真摯な体質改善しかない。その気さえあるなら、本書はじわりと効く漢方薬となるはずだ。

（せきの・ゆうじ＝聖契神学校校長）